晴海フラッグ

湾岸が創る
新しい東京の
ライフスタイル

晴海企画
和田 真樹

晴海フラッグ

目次

プロローグ

「人生が変わるかもしれない」

不動産投資について初めて真剣に考えた瞬間、胸の奥で高鳴る鼓動を強く感じたことを、今でもはっきり覚えています。

それまでの私は、不動産投資に対してどこか距離を置いていました。「リスクが高い」「資金が足りない」「知識がない」「失敗が怖い」——そんな理由を並べて、挑戦することを避けていたのです。

しかし、ある日思い切って一歩を踏み出しました。路線価や公示地価を調べ、物件を購入し、管理運営を続ける中で、私ははっきりと理解したのです。「不動産投資のやり方次第で未来は大きく変えられる」ということを。

私が19年前に不動産業界に飛び込んだ当初、まず学んだのは「需要と供給のバランスを見極める」というシンプルな教訓でした。路線価や公示地価などのデータ分析ももちろん重要ですが、実際に現場を歩き、「その街の人たちが何を求めているのか」「その価格帯で購入や賃貸を検討できる人はどのくらいいるのか」を肌感覚で捉えることこそが大切だと気づいたのです。日々お客様の声に耳を傾け、「この物件が市場でどんな価値を持つのか」を徹底的に考え続ける中で得られた実感でもありました。

そして、それから13年ほど経った頃、私は「晴海企画」という資産管理会社を立ち上げることになります。今から約6年前のことです。当時は、まだ湾岸地域の再開発やオリンピック選手村の話題も限定的で、晴海エリアは落ち着いた雰囲気を保っていました。しかし、その静寂の奥に強い伸びしろを感じたのです。これまで学んできた〝現場の声を拾う姿勢〟を活かせば、晴海地区が持つポテンシャルをより具体的な形で引き出せると確信しました。社名に〝晴海〟を冠したのは、私にとってこの街が単なる投資対象ではなく、〝未来の暮らしの舞台〟として大いなる魅力を秘めていると感じたからにほかなりません。

それは、私自身がかつて湾岸地域に住み、日常の中で「都市の真ん中にいながらもリゾートのような開放感」を体感した経験があったからです。月島や勝どき、有明から眺めるレインボーブリッジや広がる海の景色。その魅力に触れたとき、「東京にはまだこんな未来がある」と心が震えたのを覚えています。

晴海企画設立後、私は湾岸地域にあるいくつかの物件を購入し、実際に住むことでその価値を肌で感じました。そしてわかったのは、再開発やインフラ整備がもたらす「街の変化」には、数字では測りきれない可能性が秘められているということです。物件価格の上昇だけでなく、街全体の暮らしやすさが大きく進化していく——そんな変化を、晴海フラッグでの生活を通して実感しました。

もちろん、投資にはリスクがつきものです。私は頭金や住宅借入のシミュレーション、資産の変動リスクなど、不安要素を一つ一つ洗い出し、家族と何度も相談を重ねました。そして最終的に、晴海の未来に賭ける覚悟を決めたのです。その決断が、私の人生を大きく変えたことは言うまでもありません。

現在では、晴海フラッグを拠点とする暮らしがもたらす「変化を楽しむ」毎日を満喫しています。最先端の設備が整った小・中学校に通う子どもたち、海風が心地よい遊歩道、そして都心部へのアクセスの良さ――それら全てが、湾岸地域の価値をさらに高めていると感じています。

本書では、私がこれまで培ってきた不動産投資の知識と経験、さらに湾岸地域で得た実体験を余すことなくお伝えします。不動産投資は、資産形成の手段であると同時に、人生そのものをより豊かにするための強力なツールです。新しい暮らしを見つけるための街選びの視点からも、多くのヒントをお届けしたいと思います。

時代は変わりつつあります。かつては「西側の高級住宅街」が主流だった不動産投資ですが、今、東京の湾岸地域や東地域には新たなチャンスが広がっています。変化を恐れず、その波に乗ることで、住むことと資産を増やすことを両立する選択が可能なのです。

「不動産投資で人生が変わる」――この言葉に少しでも心が動いたなら、ぜひ次のページを開いてください。この本が、皆さんの未来を切り開くヒントとなることを心から願っています。

第1章　不動産投資の新常識

第1節　地域価値の見極め方──プロが明かす不動産投資の極意

「不動産投資で最後に笑うのは、将来伸びる地域を読める人だ」。

不動産の世界に足を踏み入れたばかりの頃、先輩たちから何度も聞かされたこの言葉。当時の私は、「そんなの簡単だ」と考えていました。スマートフォンで路線価を調べ、公示地価の推移をチェックすれば、優良地域は簡単に見つかるはずだ──そう信じていたのです。

しかし、実際にはそれほど簡単ではありませんでした。地域選びはまるでドラマの伏線を読み解くようなもの。表面的な数字だけでは、大きな展開や変化を見逃してしまうのです。この事実を知ったのは、数え切れないほどの物件案内やお客様との対話を通じて経験を積んだ後のことでした。

では、プロはどのように地域の価値を見極めているのでしょうか?

それは、自治体の再開発計画や駅前広場の整備計画、大手デベロッパーの大規模プロジェクトなど、「未来の設計図」を細かく組み立てる作業から始まります。しかし、これらの情報は新聞やネットだけでは不十分です。

プロの不動産投資家は、まるで街の探偵のように行動します。マンションギャラリーで開発の全体像を掴み、商店街で地域の活気を感じ取り、工事現場で新たな動きを確認する。数字には表れない「街の体温」を、自分の肌で感じ取るのです。

例えば、湾岸地域が大きく成長することを予測し、先回りして投資した人々がいました。彼らが見ていたのは、路線価や公示地価といった数字だけではありません。

新しい道路ができることで人の流れがどう変わるのか。海沿いの遊歩道が休日の過ごし方にどんな影響を与えるのか。若い家族が増える兆しがあるのか――こうした「生きた情報」を足を使って集めていたのです。

不動産投資に必要な「先読み」

不動産投資は、将棋のように「先読み」が必要です。今の価格だけを見て判断するのは、一手先しか読まない将棋と同じ。それでは投資ではなく、単なる「ギャンブル」になってしまいます。

私が常に意識しているのは、「5年後、10年後の街のビジョン」です。例えば、晴海フラッグや有明、豊洲地区への投資では、この先読みが成功の鍵となりました。「ここまで価値が上がるとは」と驚いたこともありますが、徹底的な現地調査と情報収集を経て、「この街は必ず変わる」という確信があったからこそリスクを取る決断ができたのです。

変化を楽しむ視点

次に、不動産投資で大切なのは「この変化を自分はどう楽しむか」という視点です。これは意外に思えるかもしれませんが、変化を前向きに受け止められる人ほど、街の未来を明確に描けるのです。

例えば、新しい商業施設ができることで「休日の過ごし方が変わるな」と想像したり、新しい公園が整備されることで「子育て世代が増えそうだ」と予測したり。こうして街の未来に自分自身を重ねて考えられる人ほど、正確な判断ができるようになります。

投資家としての確信を磨く

結局のところ、投資の最終的な決断を下すのは、「ここに未来がある」と信じられる投資家自身の確信です。この確信は、机上の理論やデータ分析だけでは生まれません。街を歩き、変化の兆しを肌で感じ、未来を想像しながら「ここはどう進化していくのだろう」と問い続ける地道な作業を重ねることで初めてプロの目は磨かれていくのです。

さあ、次に進みましょう。次章では、具体的にどのようにして「地域の未来を読み解く力」を養うか、私自身の経験をもとに詳しくお話ししていきます。未来を描く旅は、ここからさらに深まります。

第2節　需要と供給から読む不動産価値

不動産の価値を見極める方法はいくつも存在します。しかし、特に初心者にとっては、「どの指標が正しいのか?」と迷うことも多いはずです。私自身、不動産に初めて触れた頃には、同じように毎日のように悩んでいました。「これで本当に正しい判断ができるのか」と、不安を抱えた経験は今でも鮮明に覚えています。

だからこそ、この本を手に取ってくださった皆さんには、私が当時知りたかったこと、そして「これを知っておけばもっと早く自信を持てた」と思える内容を余すところなくお伝えしていきたいと思っています。

基本の法則:「需要と供給」のバランス

不動産価格を理解するうえで最も基本的かつ強力な法則、それは「需要と供給」のバランスです。この言葉自体は教科書的で平凡に聞こえるかもしれません。しかし、実際にはこのシンプルな法則こそが、不動産価値を見極める最も確実な指針となります。

どれほど派手な広告や華やかなマーケティングに心を動かされても、最終的に価格を決めるのは「その物件を欲しい人がどれだけいるか、供給がどれほどあるか」という事実に他なりません。

例えば、最近の新築マンション価格の高騰を、需要と供給の視点から見てみましょう。以下は、その典型的な要因です。

● **需要の増加**

都心や湾岸地域の根強い人気。「住みたい」と感じる人が増える理由には、通勤の利便性、眺望の良さ、商業施設へのアクセスの良さなどがあります。

● **海外資本の影響**

特に日本国内では、海外投資家が市場に参入していることが価格上昇に拍車をかけています。高い購買力を持つ海外勢が、日本人の購入者を圧倒するケースもあります。

● **供給の制約**

建築コストや資材費の上昇、熟練職人の不足などにより開発コストが急騰。さらに、土地の供給が限られる地域では希少性が価格を引き上げています。

こうした背景を踏まえると、不動産の価格動向は単なる数字の変動ではなく、社会全体の動きや市場の構造を反映していることが見えてきます。

価格帯が需給バランスを決定する

私が不動産業界の現場で日々実感しているのは、「買える価格帯を的確に把握すること」の重要性です。

不動産購入は、理想を追い求めるだけでは成立しません。「どれだけの人がその物件を実際に買えるのか」という視点が欠かせないのです。

例えば、億ション（1億円以上の高級マンション）がいくら供給されても、それを購入できる層が限られている場合、市場に大きな影響はありません。一方で、6000万～7000万円の価格帯は、共働き世帯やファミリー層にとって「少し背伸びすれば手が届く」ゾーン。この価格帯では需要が集中しやすく、供給も安定しやすい傾向があります。

日本では、住宅借入を利用する購入者が多いため、「住宅借入で支払える額」がそのまま需要の集中する価格帯になることが一般的です。このゾーンの物件は売れ残りが少なく、価格も比較的安定して推移するため、多くの人にとって理想的な選択肢となります。

需要と供給の未来を見据えた分析

不動産価値を見極めるうえで重要なのは、現在の需給バランスだけを見るのではなく、未来を見据えることです。人口動態、都市計画、インフラ整備――これらの要素が数年後の需要と供給にどのような影響を与えるかを分析する必要があります。

例えば、新しい鉄道路線が開通すれば、現在は静かな地域でも急速に需要が高まり、価格が跳ね上がることがあります。一方で、過去に人気があった地域でも、利便性が低下したり、人口減少が進むと価格が下落するリスクもあるのです。

最終的には、「今この価格だからお得」といった短期的な判断ではなく、「数年後、この地域の需要はどれほど変化するだろうか」という長期的な視点が、不動産価値を正確に見極める鍵となります。

不動産は「人」が動かす

私が「不動産は資産である」と考える理由の一つは経済的な視点ですが、もう一つは「そこで暮らす人々を常に意識している」ことにあります。不動産は単なる数字やデータではなく、そこで暮らす「人」が価値を生み出しているのです。家族構成、年収、日々の通勤・通学手段、休日の過ごし方――これらを具体的にイメージすることで、「この物件は売れやすい」「ここはターゲット層が狭い」といった直感が研ぎ澄まされていくのです。

例えば、路線価や公示地価といったデータは不動産価値の一側面を示してくれます。しかし、最終的に価格を動かすのは〝人の移動〟と〝暮らしのニーズ〟です。人々がどのように生活し、どこに住みたいと思うかという「動き」こそが、不動産の価値を左右するのです。

さらに、晴海フラッグのようなプロジェクトでは、癒しや国際性が大きな魅力として付加されます。これにより、ファミリー層だけでなく、海外からのビジネスマンやＩＴ企業の若い世代といった多様な層が「ここに住みたい」と感じる状況が生まれます。この結果、供給が一時的に増えたとしても、その需要が瞬く間に吸収されるという現象が起きるのです。

こうした実例を目の当たりにするたびに、私は強く実感します。不動産価値の本質は、数字ではなく「人」にあるのだと。人々がどのように生活し、どのような未来を描いてその場所を選ぶのか――それが不動産価値を動かす本当の力です。

さて、ここまでで、不動産の価値を形作る「人」と「需要と供給」の関係についてお話ししてきました。それでは次に、不動産投資における具体的な判断基準についてお話ししましょう。物件選びで成功を掴むには、どんな視点が必要なのでしょうか？　これからご紹介する〝確認項目〟は、私が投資を判断するときに欠かさず実践しているものです。

このリストを知れば、表面的なデータだけでは見えない〝不動産価値の本質〟をしっかりと捉えることができるようになります。

さあ、次はその具体的なポイントを一緒に確認していきましょう。

第3節　具体的な投資の判断基準

物件を検討する際に押さえておくべき視点は、表面的なデータだけでは見えてこない〝不動産価値の本質〟を見極めることにあります。
以下に、私自身が常に頭の中で巡らせている〝確認項目〟をご紹介します。このリストは、不動産投資の成功確率を高めるための必須事項です。

1 成長地域かどうか

● 公式情報に注目する

自治体や大手デベロッパーが発表する再開発計画や、公共事業の予算案、地元紙の記事などを確認します。それらの情報を通じて、「この街がどう変化しようとしているのか」を読み解くことが重要です。

例えば、自治体が発表する再開発計画や、新たな鉄道路線の敷設計画は、地域の未来を大きく変える可能性を秘めています。晴海フラッグが誕生した背景には、オリンピック選手村としての活用だけでなく、その後の街づくりが綿密に計画されていたことがありました。こうした情報は、公式サイトや地元紙をチェックすることから得られることが多いです。

● 人の流れを想像する

再開発区域そのものだけでなく、周辺地域にまで〝人の流れ〟が広がるかを見極める必要があります。一つのプロジェクトだけで完結するのではなく、街全体の活性化に繋がるかどうかが鍵です。

例えば、新駅ができると、その周辺だけでなく隣接する地域まで人の流れが変わり、土地や物件の価値が上がることがあります。具体例として、東京都心と湾岸地域をつなぐ新しい鉄道路線ができた場合、通勤時間が短縮されることで地域全体の人気が高まるケースが考えられます。

2 割安感があるか

●周辺地域と比較する

隣駅や類似の沿線地域と比較して、「異常に高い」または「異様に安い」価格帯になっていないかをチェックします。異常値には必ず理由があるため、それが納得できるものかどうかを分析することが大切です。

例えば、ある駅前の物件が他と比べて割安だったとして、その理由が「再開発予定がない」という要因であれば、将来的なリスクが高い可能性があります。一方で、「まだ再開発が始まったばかりで注目されていない」という理由なら、成長の余地が大いに期待できます。

●割安の理由を深掘りする

割安感がある物件の場合、その理由が「潜在価値に気づかれていない」のか、それとも「リスク要因が多い」のかを見極める必要があります。リスク要因を十分理解した上で、それに対処できるかを考えるべきです。

例えば、築年数が古い物件が割安だった場合、「リノベーション次第で価値が大きく向上する」可能性もあります。逆に、「地盤の問題や環境リスクがある」といった理由なら慎重になるべきです。このように、割安な理由を丁寧に調べることが、成功の鍵になります。

3　需要層が分厚いか

●需要層を具体化する

年収レンジ、家族構成、生活スタイルなどを想定し、「売る・貸す相手がどれだけいるか」を予測します。また、その地域独自のニーズがある場合、それがどの程度持続可能かも評価します。

例えば、湾岸地域の物件であれば、共働きのファミリー層だけでなく、外国人ビジネスマンやリモートワークをする若い世代など、幅広い需要が見込めることがあります。

●ターゲットの広さを確認する

特定の職業やライフスタイルに依存しすぎる物件は、将来的な需要が限定的になるリスクがあります。一方で、多様な層に受け入れられる物件であれば、空室リスクを抑えられます。例えば、都心へのアクセスが良く、近隣に商業施設も揃っている物件は、幅広いターゲットにとって魅力的です。

4　資金計画に無理はないか

● リスクに備えた計画を立てる

住宅借入の金利上昇や経済環境の変化を考慮し、35・50年住宅ローンを組む場合でも返済に無理がない計画を立てます。

例えば、住宅借入を組む際に「共働き前提」で返済計画を立てるのは危険です。一人が仕事を辞めた場合でも返済が続けられるかどうか、金利上昇時の影響を見込んでおくことが大切です。実際、私が初めて物件を購入したときも、十分な余裕を持った計画を立てたおかげで、安心して運用を続けられました。

● 保険や貯蓄とのバランス

頭金をどの程度入れるか、万が一に備えてどれだけの貯蓄を残しておくかも重要です。不動産投資は長期戦です。生活の安定を優先しながら資産運用を進める計画を立てることが、最終的な成功に繋がります。

5　自分自身がわくわくするか

● 心が動くかどうかを重視する

「この物件に住む未来を想像してわくわくするか」「この投資を誇りに思えるか」という直感も

重要です。不動産は、単なる数字の世界ではありません。例えば、私が晴海フラッグへの投資を決断したのは、「この街は今後何十年も楽しめる」と感じたからです。このわくわく感は、自分だけでなく、他の人にも共感されやすい〝魅力〟に繋がります。

特に最後の「わくわくするか」という視点は、私にとって最も大切な要素です。もちろん、感情だけで投資を決断するのは危険です。市場データや計画性といったロジカルな要素をしっかり補完し、冷静な判断を下すことが欠かせません。しかし、それでも最終的なゴーサインを出すのは、やはり「この物件・この街に惚れ込んだ」という自分自身の想いなのです。不動産投資とは、数字の世界でありながらも、人の感情に深く寄り添う世界でもある――私はそう信じています。

では、あなたがこれまでのチェックポイントを駆使して「これだ！」と思える物件に出会えたとしましょう。しかし現実的には、お金がなければ購入には至りません。ここで重要なのが、住宅借入という制度です。実は、日本は世界的に見ても金利が非常に低く、住宅借入が利用しやすい恵まれた国です。この制度を正しく活用することで、不動産投資の夢を現実にするチャンスがあなたの手の届くところに広がります。

それでは、どのようにして「無理のない資金計画」を立てればよいのでしょうか？　次にご紹介するのは、適正な住宅購入価格に関する内容です。これを知ることで、投資を成功に導く現実的な計画が描けるようになります。

第4節　賃金別の適正な住宅購入価格

「世帯年収の7〜8倍程度がローンの目安」と聞いたことはありませんか？

これは長らく、金融機関が融資可能な範囲として設定してきた一般的な基準です。例えば、年収600万円なら4200万〜4800万円、年収800万円なら5600万〜6400万円程度が目安。特に35年ローンを想定すると、多くの人がこの範囲内で物件を探してきました。

しかし、昨今の住宅市場は大きく変わりつつあります。建設費や地価の高騰が続く中で、物件価格は上昇の一途をたどっています。その結果、多くの人が「予算内で理想の住まいを見つけるのは難しい」と感じる状況に直面しています。これに対応するため、金融機関は新たな選択肢を提案し始めました。その一つが「50年ローン」です。

50年ローン：新たな可能性と注意点

住宅借入期間を50年に延ばせば、月々の返済額を抑えられ、「これまで手が届かなかった物件」にも目を向けることができます。一部の金融機関ではすでに50年ローン商品が登場しており、晴海フラッグのような高額物件にも購入のチャンスが広がりつつあります。

しかし、ここで忘れてはならないのが、「50年」という期間の長さです。これを旅に例えるなら、終わりが見えないほどの長旅と言えるでしょう。例えば、若い夫婦が共働きで住宅借入を組む場合、どちらかが仕事を辞めたときや、家族が増えたときに返済を続けられるのか――こうした将来のリスクを慎重にシミュレーションする必要があります。

適正価格は「自分たち基準」で決める

住宅購入の最大のポイントは、「適正な価格は人それぞれ違う」ということです。年収、貯蓄、将来の家族計画、そして生活スタイル――これらは家族ごとに異なります。

旅行に例えるなら…

- **行き先（物件）**：どんな地域や物件が自分たちに合うのか。
- **旅程（住宅借入期間）**：短期間で終わらせるのか、長期計画で進めるのか。
- **旅費（収入や頭金）**：どれだけの予算を無理なく使えるのか。

どんなに立派なパンフレットを渡されても、自分たちのライフスタイルに合わない「旅」は楽しめません。同じように、金融機関が「融資可能」とする金額が、自分たちにとって本当に安心できる額とは限りません。重要なのは、自分たちが「無理なく返済できる」と感じられる金額を見極めることです。

共働き世帯の「見落としがちなリスク」

特に最近は、共働き世帯が高額な物件を購入するケースが増えています。例えば、晴海フラッグのような1億円を超える物件を購入する共働き世帯も珍しくありません。しかし、ここで見落としがちなリスクがあります。それは「どちらかが働けなくなった場合の負担」です。

この状況を〝双子が漕ぐボート〟に例えてみましょう。二人で漕いでいる間はスムーズに進むボートも、一人がオールを手放した瞬間、残された一人に全ての負担がかかります。その負担の重さを、事前にしっかりと考慮しておくことが大切です。

個別相談が成功の鍵

結局のところ、住宅購入の〝適正価格〟を一律に語ることはできません。たとえ「年収の8倍」という基準があっても、頭金、金利の種類、家族構成、将来の収入見込み――これらを総合的に考慮する必要があります。そうでなければ、本当に無理のない返済計画を立てることは難しいのです。

例えば、晴海フラッグのような1億円を超える物件を検討する場合、一般的には「世帯年収1200万円以上」「頭金は物件価格の1～2割」が目安とされています。しかし、50年ローンを活用して返済額を抑えたとしても、将来的な収入ダウンや家族構成の変化に備えた計画がなければ、リスクが膨らむ可能性があります。

夢の住まいと現実のバランスを見極める

住宅借入の世界は進化を遂げ、35年ローンから50年ローンへと新しい時代に突入しています。しかし、〝夢のマイホーム〟を実現するためには、現実を冷静に見据える判断力が欠かせません。

●「買える」と「返せる」の違いを理解する

目先の月々の返済額に惑わされるのではなく、自分たちの人生設計に合った計画を立てることが重要です。

●未来を見据えた慎重な選択を

どんなに魅力的な物件でも、自分たちの未来を圧迫するものであれば、本来の「安らぎ」や「喜び」は得られません。

不動産購入は人生の大きな節目です。自分たちのリスク許容度を正確に把握し、未来の可能性を描きながら慎重に選択してください。そのプロセスを経ることで、初めて「安らぎ」と「喜び」を兼ね備えた住まいを手に入れることができるのです。

では次に、その未来を実現するための必要なステップとして、「いかにして住宅借入を活用してあなたの夢を現実にするのか?」についての具体的な方法をお伝えしていきます。

第5節　住宅借入の実践的活用法

不動産投資やマイホーム購入において、多くの方が利用する住宅借入。この住宅借入をどのように活用するかが、夢を現実に変える鍵となります。単なる借金と捉えるのではなく、「未来への投資」として住宅借入を活用する視点を持つことで、そのポテンシャルは大きく広がります。

さあ、ここからは住宅借入を賢く使いこなすための具体的なポイントを見ていきましょう。

変動金利と固定金利：どちらを選ぶべき？

まず、最初に選ぶべきは金利タイプです。これは資金計画の骨組みを作るうえで非常に重要な選択となります。

●変動金利

超低金利の現在では、変動金利は毎月の返済額を抑える効果が期待できます。初期コストを抑えつつ、柔軟な資金計画を立てたい方には魅力的な選択肢です。しかし、経済状況の変化により金利が上昇するリスクがあるため、返済額が急激に増える可能性もあります。このリスクを軽減するためには、定期的に返済計画を見直し、繰り上げ返済や借り換えを検討することが大切です。

●固定金利

一方、固定金利は返済額が一定で、長期的なシミュレーションが立てやすいという利点があります。将来的な金利上昇の影響を受けないため、安定を重視する方に向いています。ただし、変動金利よりも金利水準が高いため、総返済額が多くなる可能性がある点には注意が必要です。

頭金の割合：柔軟な発想でリスクとバランスを取る

次に、頭金の割合をどうするかです。これはあなたの資金計画において最も個別性が高いポイントと言えます。

●頭金を多く入れる場合

月々の返済額が抑えられ、総返済額を減らすことができます。ただし、手元の資金が減ることで、突発的な出費への備えが不足する可能性があります。

●頭金を少なくする場合

フルローンを組むことで、手元資金を他の投資や生活費に回す余裕が生まれます。一方で、ローン残高が増えるため、金利上昇時の負担が重くなるリスクがあります。

私自身は、頭金の割合を固定せず、その時々の状況に応じて柔軟に考えることを実践しています。これにより、物件選びの選択肢を広げつつ、リスクヘッジと安定性のバランスを取ることができました。この本を読んでいる皆さんにも、生活状況や家族構成に合わせて柔軟に考えることをおすすめします。

住宅借入は未来を描くツール

住宅借入は、大きな責任を伴うものではありますが、同時に未来への希望を描くための強力なツールでもあります。不動産は株式や投資信託と異なり、実物資産として以下のようなリターンを期待できる点が大きな魅力です。

- **家賃収入**（賃貸運用の場合）
- **売却益**（価値が上昇した場合）
- **自宅としての利便性**（生活の充実）

このように、不動産はリスクとチャンスが表裏一体の資産です。だからこそ、しっかりと学び、自分なりに納得のいく資金計画を立てることで、人生を大きく変える力を持つものになるのです。

夢を現実に変える第一歩

不動産購入において重要なのは、〝買える〟と〝返せる〟の違いを理解し、自分たちの人生設計に合った住宅借入計画を立てることとです。どんなに魅力的な物件でも、無理な計画を立ててしまうと、その夢はかえって大きな負担になりかねません。

しかし、逆に言えば、住宅借入を正しく活用することで、「手が届かない」と思っていた未来を現実のものに変えることができます。この第一歩を踏み出すことで、人生に新たな可能性が広がります。

《第1章を終えて》

本章では、「地域価値の見極め」「需要と供給」「投資判断の基準」「賃金別の適正価格」「住宅借入の活用」といった、不動産投資の基礎を段階的に解説してきました。これらは、特に初心者にとって必須の知識です。

しかし、それ以上に大切なのは、「自分自身が〝ここだ〟と思えるかどうか」という情熱や直感です。数字やデータに基づく判断はもちろん重要ですが、最終的に「この街で未来を描ける」「このプロジェクトに参加することで自分の人生が変わる」という確信を持てるかどうかが、成功の鍵となります。不動産投資とは、ただの資産運用ではなく、人生の中で長く付き合っていく〝プロジェクト〟でもあるのです。

私自身が晴海フラッグを含む湾岸地域に惹かれた理由は、その街に〝新しい東京の姿〟を感じたからでした。それは、データだけでは決して得られない感覚です。

次の章からは、さらに深く「物件の潜在価値を見抜く方法」や「なぜ晴海フラッグが注目されたのか」といった具体例を交えながら、不動産投資で成功するための極意を掘り下げていきます。ここから先、あなたが物件選びの視点を大きく広げ、新しい可能性に目を開く瞬間が訪れるはずです。

不動産という「未来を掴む道具」をどのように使いこなすか。その秘密を、ぜひ次章から一緒に解き明かしていきましょう。

第2章　成功する物件選びの極意

不動産投資で成功を掴むためには、「どの地域を選び、どんな物件を購入するか」という最初の一歩が運命を左右すると言っても過言ではありません。この初期の選択が、その後の成果やリスクに大きな影響を及ぼします。しかし、世間でよく耳にする「立地が良ければ成功する」「人気のブランドマンションなら間違いない」といった単純な思い込みだけでは、変化の激しい市場でリスクを回避することはできません。

本当に重要なのは、物件や地域に秘められた〝潜在的価値〟を見抜く力です。この力を持つことで、不動産投資は単なる資産運用を超え、未来を切り開くクリエイティブな挑戦に変わります。潜在的価値を見極めるためには、需給の動向や将来のリセールバリュー（売却価値）を見通すだけでなく、投資目的やライフスタイルとの調和を考慮することが欠かせません。

特に２０２０年代に入り、東京の都市構造は劇的な変化を遂げています。湾岸地域の驚異的な成長、東地域の再評価、オリンピックのレガシーによる開発ブーム、さらにはリモートワークの普及――これらが私たちの価値観に新しい視点をもたらしました。「駅徒歩至上主義」といった従来の常識では測れない、新しい指標が必要とされているのです。

例えば、「晴海フラッグ」のようなプロジェクトが注目されている背景には、ただの立地の良さでは語り尽くせない要素があります。再開発が生み出す未来の可能性、商業施設や教育機関の充実、そしてその街がどのように人々のライフスタイルを変えるのか――これらを深く理解することで、投資の新たな可能性が広がります。

そこで本章では、前章で触れた〝不動産投資の新常識〟をさらに掘り下げ、以下の5つの軸を中心に解説します。

1. 物件の潜在的価値を見抜く5つのポイント

潜在的価値をどう読み解き、未来を想像するのかを詳しくお伝えします。

2. 公示価格、路線価、需要と供給の関係性

市場データの見方をわかりやすく解説し、どの情報が本当に価値を示しているのかを学びます。

3. 売れやすい価格帯の分析方法

購入者のニーズに合った価格帯を理解し、投資判断に活かす方法をご紹介します。

4. 晴海フラッグに見る価格変動と市場分析

晴海フラッグを具体例に、価格がどのように変化し、何がその要因となったのかを掘り下げます。

5. 失敗しない物件選びの確認項目

初心者でも安心して物件を選べる具体的な基準を提示します。

また、晴海フラッグに関する具体的なデータ（人口推移、世帯数、商業施設の稼働状況など）を紹介しながら、私自身の考えをより深くお伝えします。この章を通じて、不動産市場の見えない価値を理解し、成功の確信を持って次の一歩を踏み出せるようになることを目指しています。

さあ、これから始まるのは、不動産投資の真髄に迫る旅です。あなたの目の前に広がる未来の可能性を一緒に探っていきましょう！

第1節　物件の潜在的価値を見抜く5つのポイント

ポイント①　立地とインフラ整備の将来性

「不動産の価値は立地で決まる」――これは誰もが聞いたことのあるフレーズです。確かに、現在の通勤利便性や商業施設の充実度は大切な要素です。しかし、私が特に注目してほしいのは、「未来の立地」です。

例えば、湾岸地域や晴海フラッグにいち早く目をつけた投資家たちは、オリンピック後の再開発計画や交通インフラの整備計画を見据え、将来の価値を見抜いていました。その結果、今ではこれらの地域で大きなリターンを得ています。未来を見据えた視点が、単なる「良い立地」と「最適な投資先」を分けるのです。

データで見る中央区周辺の人口推移

少しデータを見てみましょう。東京都中央区の人口推移は、地域の将来性を判断するうえで非常に重要な指標となります。

- **2014年：約13万人**
- **2017年：約15万人**
- **2020年：約17万人**

この数年で中央区の人口は約4万人も増加しています。特に、月島、勝どき、晴海といった湾岸地域では、マンション建設が活発化し、世帯数が大幅に増加しているのです。その結果、商業施設や公共施設の整備が進み、地域全体が「成長の好循環」を生み出しています。

ここで注目したいのは、単身世帯とファミリー世帯がほぼ同時に増加している点です。豊洲や晴海などの地域では、職住近接を重視する単身者や共働きカップルだけでなく、子育て環境を求めるファミリー層も増えています。このような多様な世帯が流入することで、地域に社会の多様性が生まれ、長期的な資産価値の向上が期待できるのです。

成功する不動産投資では、「駅徒歩何分」「近くに大型商業施設がある」といった要素だけでは不十分です。地域全体の「社会の拡大」に目を向けることで、未来の価値を見抜く力が身につきます。私はこの視点こそが、不動産投資の鍵だと確信しています。

ポイント②　生活利便性の幅

不動産を選ぶ際、単なる移動距離や駅への近さだけではなく、〝日常生活がどれだけ快適に送れるか〟が物件の価値を大きく左右します。生活利便性が高ければ、住む人の満足度が向上し、それがそのまま物件の需要や資産価値に繋がるのです。

例えば、以下のような施設が徒歩圏内に揃っているかどうかは、生活の質を大きく左右します。

- **24時間営業のスーパーやドラッグストア**
- **クリニックモールや病院**
- **カフェやレストランなどの飲食施設**

湾岸地域を見てみると、有明ガーデンやららぽーと豊洲のような大型ショッピング施設がその典型例です。これらの施設は、日常の買い物や週末の娯楽を網羅しており、地域の魅力を高めています。晴海フラッグにはららテラスという商業施設があり、スーパー、レストラン、クリニック、カルチャーなど地域・生活発信型の商業施設となっております。

教育機関と子育て支援

ファミリー層にとって、物件選びで欠かせない視点が教育環境です。特に、以下のような点が注目されます。

- **学校、幼稚園、保育園の数と質**
- **子育て支援の充実度**
- **新設保育園や学童保育施設の有無**

都心部では待機児童問題がしばしば話題になりますが、再開発地域ではこの課題に対応するため、保育園の新設やマンション内のキッズルームの設置などが進んでいます。

例えば晴海フラッグでは、最新設備を備えた小・中学校が建設され、その中には温水プール付きの校舎もあります。これにより、区立公立校でありながら質の高い教育環境が提供され、「子育てに優しい街」というイメージが強化されています。こうした取り組みは、ファミリー層の需要を引き寄せ、地域全体の人口増加や安定的な需要に繋がる重要な要素となります。

日常生活こそ街の価値を左右する

私自身、子どもを育てる親として、不動産選びの際には「日常生活でどのような環境を提供できるか」を最優先に考えています。例えば、以下のような要素が揃った環境は、住む人々の生活の質を大きく向上させるものです。

- **徒歩圏内にある公園や散歩道**
- **子どもが安全に遊べる公共スペース**
- **地域文化や地域社会（コミィニティ）を育む環境**

不動産投資では、利回りや転売益といった数字に注目しがちですが、最終的には「その場所に住む人々が快適に暮らせるか」が、長期的な需要と価値を決定づけます。たとえ高利回りを誇る物件でも、生活利便性が低ければ、長期的に価値を維持することは難しいのです。

そのため、投資の観点からも、この〝生活利便性〟を丁寧に調べることで、需要が安定した「失敗しにくい物件」を見つける可能性が大きく高まります。生活者目線を意識することが、不動産投資成功の秘訣と言えるでしょう。

ポイント③　デザインと構造の魅力

タワーマンションやデザイナーズマンションといった、美しい外観や洗練された内装の物件は、一目で「ここに住みたい！」と思わせるインパクトを与えます。しかし、その魅力がいつまでも続くかと言えば、そうではありません。デザインや装飾は時代の流行に影響されやすく、築年数が経つにつれて古さが目立ってしまうのが現実です。

それでも、本当に価値のある物件は、単なる見た目だけではなく、以下のような「住む人を長期的に支える構造や管理の質」によってその価値を保ち続けます。

- **耐震・制震・免震構造**
- **バリアフリー設計**
- **効率的な管理体制**

例えば、オリンピック選手村として設計された晴海フラッグでは、こうした本質的な価値が高い次元で実現されています。免震構造や制震構造を採用し、首都直下型地震のリスクがある東京で非常に高い安全性を実現。また、バリアフリー設計や街全体のメンテナンス計画の充実により、住む人が長く安心して暮らせる環境を提供しています。これらの要素は、晴海フラッグが長期的な価値を維持する大きな要因となるでしょう。

データで見る晴海フラッグの耐震性能と専有面積

晴海フラッグの住棟は、以下の点で非常に優れた設計がなされています。

1. 耐震性能

晴海フラッグの建物には、免震構造や制震構造が採用されています。これは、国土交通省の耐震診断基準を大きく上回るもので、首都直下型地震にも耐えられる設計です。地震リスクが懸念される東京において、こうした高い安全性は、住む人に大きな安心感を与えます。

2. ゆとりある居住空間

晴海フラッグの住棟の多くは、平均専有面積が約80㎡（3LDKが中心）と、都心地域の他物件に比べて広めに設計されています。単身者やカップルはもちろん、子育て世帯にとっても十分なゆとりがある間取りは、ファミリー層を引き寄せる大きな魅力となります。

このように、デザイン面だけでなく構造・仕様が高い水準で保たれていることは、晴海フラッグの競争力を大きく高める要因と言えます。

晴海フラッグの「街全体での品質保証」

私が特に注目しているのは、晴海フラッグが大規模一括開発されたプロジェクトである点です。この規模での開発には、以下のようなメリットがあります。

●建物ごとの品質にバラつきがない

全ての建物が統一された基準で設計・施工されており、個々の物件による品質差が抑えられています。これにより、どの住棟を選んでも一定以上の満足感が得られるのです。

●街全体の景観とメンテナンスの効率化

修繕や景観保護について、管理組合同士が連携しやすい仕組みが整っています。街全体が一体感を持って保たれるため、居住者の満足度が長く維持されるのです。

デザインと構造が支える長期的な価値

デザインや内装は時代の経過とともに色褪せることがあるかもしれません。しかし、「免震構造で安心」「定期的なメンテナンスが行われている」という基本的な部分は、物件の長期的な資産価値を支える重要な原動力となります。

不動産投資で成功するためには、短期的な流行や派手さに惑わされるのではなく、**構造や管理体制といった本質的な価値**に目を向けることが重要です。こうした視点を持つことで、住む人が感じる安心感や快適性を支える物件を見極める力が養われます。

ポイント④　地域社会の成長力

都市に住む人々の多くが、「隣に誰が住んでいるのかわからない」と感じる時代になりました。しかし、一方で大規模マンションや再開発地域では、「ただの住まい」ではなく、「暮らしを共有する街」を作ることが、新たな価値として注目されています。

特に、地域社会の強さは、街の魅力を決定づける重要な要素です。住民同士が繋がり、関わり合い、共に時間を過ごすことで、その街にしかない特別な〝温度〟が生まれます。

例えば、次のような取り組みがある街は、ただ住むだけでなく、「ここに住むこと自体が楽しい」と感じられる場所になります。

- **地域のお祭りや催し**：年に数回、大規模なイベントが開催され、住民同士が自然と顔を合わせる機会が増える。
- **住民専用SNSや掲示板**：情報共有が活発になり、困ったときに助け合える関係が生まれる。
- **ワークショップやサークル活動**：趣味を通じて住民同士が繋がり、日常がより充実したものになる。

この「ただ住むだけではない楽しさ」が、街の魅力を押し上げ、「ここに住みたい」と思わせる最大の要因になるのです。

晴海フラッグに見る〝進化する地域社会（コミュニティ）〟

晴海フラッグは、単なる住宅地ではなく、〝未来の都市型地域社会〟を創り上げるプロジェクトでもあります。そのため、以下のようなユニークな仕組みが導入されています。

- **住民同士の交流を促すワークショップや説明会**

入居前から説明会やイベントを通じて交流できる場が設けられ、自然と繋がりが生まれる仕組みになっています。

●ＨＡＲＵＭＩ ＦＬＡＧ自治会等が主催するイベント企画

季節ごとのイベントや、マンション内での交流会などが定期的に開催され、「顔の見える関係」を築くサポートがなされています。

●共用空間を最大限活用した繋がりづくり

屋外広場、公園、商業施設「ららテラス」など、人が自然と集まる場所が街全体に点在し、コミュニティが有機的に広がるよう設計されています。

このように、晴海フラッグは「最新のマンションがある街」ではなく、「ここで暮らすことそのものが魅力になる街」へと進化しているのです。

人の繋がりが、街の価値を底上げする

不動産を「建物」としてだけでなく、「そこに暮らす人々が作り出す社会」として捉えることで、街の本質的な価値が見えてきます。

例えば、オリンピック後の晴海フラッグについて、一部では「選手村跡地だからゴーストタウン化するのでは？」という懸念の声もありました。しかし、実際にはその逆でした。

●異文化・多世代が共存する新しい街づくり

国内外の様々な世帯が流入し、活気のある国際的な地域社会が生まれた。

●住民同士の繋がりが、街のブランド価値を高めた

ＳＮＳなどで「ここに住んでよかった」と発信する人が増え、新たな住民を惹きつける相乗効果が生まれている。

こうした「人の繋がり」が、街全体の魅力を引き上げ、未来への可能性を広げているのです。

地域社会が未来を形作る

不動産価格を左右するのは、確かにデータや経済指標ですが、最終的に街の価値を決めるのは、そこに住む人々の熱量と交流です。

住民同士の繋がりが強い街は、単なる「住む場所」ではなく、「成長する街」へと変わっていきます。そして、成長する街には、新たな人が集まり、さらに価値が高まるという好循環が生まれます。

晴海フラッグのように、地域社会（コミュニティ）が自然と広がる街は、住む人にとっても、投資家にとっても、未来を感じられる場所なのです。

ただのマンションではなく、「住むことが誇りになる街」。そんな場所を見つけることが、本当に価値ある不動産を選ぶ鍵となるのです。

ポイント⑤　投資と実需のバランス

不動産投資を考える際、多くの人が直面するのが次の3つの選択肢です。

1．賃貸目的で所有する（インカムゲイン狙い）
2．売却益を狙う（キャピタルゲイン狙い）
3．自分で住みつつ、将来的に賃貸や売却を行う（ハイブリッド型）

特に、「自分で住む予定がないから」と投資用ワンルームマンションを選ぶケースが多いですが、実は大規模ファミリーマンションでも投資は十分に成り立ちます。

都心部では、単身者やカップルだけでなく、「職住近接を求めるファミリー層」の需要が一定数存在するため、戦略次第で優れたリターンを得ることが可能なのです。

例えば湾岸地域のようにアクセスが良く、子育て環境が整備された地域では、将来的な賃貸需要が高く見込まれます。このような地域では、「自宅としても投資物件としてもバランスの取れた価値」が期待できるのです。

データで見る晴海フラッグの投資ポテンシャル

中央区の統計によると、晴海・勝どき地域の世帯平均人数は1・9～2・2人程度。これが示すのは、以下のような特徴です。

● **単身世帯や2人世帯が多いが、3人以上のファミリー層も一定数存在する**

- **都心勤務の共働き夫婦が多く、家庭の収入水準が比較的高い**この地域では、賃貸に出した場合でも以下の条件が期待できます。

- **家賃20万〜30万円以上の高額帯でも成立する需要がある**
- **街が完成するにつれて晴海エリアへの入居希望者は増加傾向**

このような構造は、投資目的としても自宅用途としても優れた物件であることを示しています。だからこそ、晴海フラッグのような湾岸地域にある物件が「投資と実需のバランスが取れた理想的な形」と言えるのです。

「すぐに貸せるorすぐに売れる」物件とは?

私が自身の不動産ポートフォリオを構築する際に意識しているのは、以下の3つの条件を満たすかどうかです。

1. **自分が住みたいと思える物件であること**
2. **必要なときに賃貸に出せる利便性があること**
3. **売却が容易で資産価値が高いこと**

これら三拍子を揃えた物件を見極めるためには、次の要素を総合的に検討する必要があります。

- **立地の良さ**（交通アクセス・周辺環境）
- **間取りの実用性**（家族構成の変化に対応できるか）
- **築年数や耐震性能などの建物の質**（将来的なリスク管理）
- **マンションブランドや地域社会性**（長期的な需要を維持できるか）

晴海フラッグのように街全体を一体化して設計した大規模開発では、これらの要素が高度に統合されているため、投資判断が比較的しやすいのが特徴です。ただし、その魅力の高さゆえに購入競争率が高いというデメリットもあります。しかし、これは逆に言えば、その物件がどれほど多くの魅力を備えているかの証明でもあるのです。

「住んでも良し、貸しても良し、売っても良し」な物件を選ぶ

投資と実需のバランスを保つことは、長期的な資産価値を維持するうえで非常に重要です。晴海フラッグのように、住みやすさと資産価値が共存している物件は、投資家にとって理想的な選択肢となり得ます。

もしあなたが今後、「住む目的」だけでなく「投資価値」も視野に入れた不動産購入を考えているなら、ぜひ「すぐに貸せる」「すぐに売れる」物件に注目してください。

「住んでも良し、貸しても良し、売っても良し」――この三拍子が揃った物件こそ、不動産投資の成功を引き寄せる最大の鍵なのです！

しかし、ここで重要なのは、単に「良さそうな物件」を選ぶのではなく、市場の本質を見極める力を身につけること。そのために不可欠なのが、公示価格や路線価、需要と供給の関係を正しく理解することです。

さあ、次の節では「数字に惑わされず、本当の価値を見抜く方法」を掘り下げていきましょう。

第2節　公示価格・路線価・需要と供給の関係性

2-1　路線価や公示地価はあくまで指標の一つ

「路線価は時価の8割程度」と言われるように、路線価は税金計算の基準となる指標です。しかし、これは実際の売買価格と完全に一致するわけではありません。特に、地価が急激に上昇している東京都心や湾岸地域では、路線価が実勢価格に追いつかないケースが多く見られます。

例えば、２０１３年（東京五輪決定前）から２０２０年までの中央区晴海の路線価の推移は以下のようになりました。

- **晴海地域の路線価は20%～30%上昇**　※一部の個別の事象の例も含まれます。
- **一部地域ではそれ以上の伸びを記録**

しかし、同期間のマンション取引価格を見てみると、路線価以上の伸びを示しているケースが多数発生。このことから、路線価が実勢価格の変動を完全には反映していないことが明らかです。

このギャップをどう捉えるか？

ここに、不動産投資のチャンスが隠されているのです。

〝路線価の低さ〟＝〝割安〟とは限らない

「路線価が低いから今が買い時」と考えるのは、必ずしも正しいとは言えません。市場では、未来の開発計画や需要予測がすでに織り込まれた上で価格が形成されるため、路線価が安くても実勢価格はすでに上昇していることがあるのです。例えば、晴海フラッグの初期販売時、多くの人がこう考えました。

「埋立地だから、路線価も安いし、投資には向かないのでは？」

しかし、実際に販売が始まると、多くの買い手が殺到。結果、中古市場では分譲時価格より数千万円単位で価格が上乗せされた取引が増えました。

なぜか？

それは、「路線価が低い＝割安」ではない、別の価値がそこにあったからです。つまり、指標の数字だけでは測れない、本当の価値を見極める力が必要なのです。

「指標」ではなく「未来の価値」を見る

不動産投資の世界では、路線価や公示地価などの指標を過信することは危険です。これらは行政が算出した基準値にすぎず、実際の価格は「需要と供給」や「街の魅力」によって決まるからです。

特に再開発地域や新興地域では、路線価と実勢価格の乖離が頻繁に発生します。

この乖離を「リスク」と見るか、「チャンス」と見るか――ここが、投資家としての腕の見せどころなのです。成功する投資家は、このような視点を持っています。

- **「路線価は低いが、将来的に需要が高まる地域だ」と見抜く力**
- **「指標以上に街が持つ潜在的な価値」を評価する目**

路線価や公示地価は、あくまで「不動産市場を理解するための一つの材料」にすぎません。本当の価値を見抜くには、次のような要素を総合的に観察することが必要です。

- **地域の将来性**（再開発計画・インフラ整備）
- **街の活気**（住民層の変化・移住の流れ）
- **現場の実勢価格**（実際に取引されている価格帯）

この「数字で見えない価値」を見極める目を養うことが、投資家としての成功を引き寄せる最大のポイントです。

さて、ここまで路線価と実勢価格の関係について解説してきました。しかし、それだけでは「本当に価値のある地域」を判断するにはまだ不十分です。不動産の価値は、地価の動きだけでなく、建築コストや市場の供給状況とも密接に結びついています。特に近年の建築コストの高騰は、新築マンションの価格上昇に大きく影響を与えています。

2-2 公示価格の高騰と建築コスト

近年、日本の建築業界は以下の課題に直面しています。

- **慢性的な人手不足**
- **セメント、鉄骨、木材などの資材価格の高騰**

これにより、マンション1戸あたりの開発費用が大幅に増加し、結果として分譲価格にも反映されています。さらに、大規模なタワーマンションでは建設期間が長期にわたるため、建設中の物価上昇が予算の狂いを生じさせるリスクもあります。

実際に、株式会社不動産経済研究所のレポートによると、首都圏の新築マンション平均価格は2022年に約6300万円に達しました。特に、湾岸地域や都心部ではこれを大きく上回る価格帯も珍しくありません。これらの数字は、バブル期を超える高騰を示しており、建築コストの上昇が価格に与える影響を物語っています。

高コスト＝高品質とは限らないが…

高コストのマンションが必ずしも高品質であるとは限りません。しかし、以下の要因は建築コストを引き上げる一方で、物件の価値を高める要素となります。

- **免震構造や制震構造の採用**
- **ハイグレードな内装や最新設備の導入**
- **バリアフリー対応や防災設備の強化**

晴海フラッグの場合、オリンピック村として設計された背景から、世界中のトップアスリートを受け入れるための特別な基準が採用されています。例えば、

- **バリアフリー設計**
- **十分なエレベーターの設置**
- **防災設備の充実**

これらの仕様は高い開発コストを伴いましたが、同時に〝将来的にもハイレベルな安全性と快適性〟を提供する長期的な価値をもたらしています。

高い買い物でも価値があれば納得

「高額なマンションはリスクだ」という声を耳にすることもあります。確かに、支払い能力を超える購

入は家計を圧迫し、破綻のリスクを伴う可能性があります。しかし、私が重要だと考えるのは、以下のポイントです。

●　資産として長く保持できる〝質の高い住まい〟を選ぶこと

●　安価な物件でも管理体制や品質が劣る場合、長期的なコストが膨らむリスクがあること

例えば、耐震性能の低い建物や管理がずさんなマンションでは、修繕費がかさむだけでなく、資産価値の下落リスクも高まります。一方で、晴海フラッグのように「長期的な安心感を提供する物件」は、多少高額であっても投資の安定感と居住の快適さを両立できる可能性が高いのです。

長期的視点での判断が重要

「安いから」「初期費用が少ないから」という理由だけで物件を選ぶのではなく、長期的な視点で建築品質や管理体制を見極めることが、不動産投資においては不可欠です。

多少コストが高くても、「長い目で見て価値がある」と納得できる物件は、投資家にとっても、居住者にとっても、持続可能な選択肢となるでしょう。不動産購入を検討する際は、目先の価格だけでなく、建築コストの背景にある本質的な価値を深く理解することが、最終的な成功に繋がります。

ここから先は、さらに踏み込んで「今後どの地域で価値が生まれるのか？」を探っていきます。あなたが選ぶ次の物件が、未来の大きな資産となるかどうか。その判断基準を明確にしながら、実際にどう分析し、どのような視点で地域を見極めるべきかを、一緒に考えていきましょう。

2-3 需要と供給が最終的に価格を決める

第1章でもお伝えした通り、不動産価格を決定づける最も重要な要素は「需要と供給のバランス」です。これはシンプルな原則ですが、投資の成功を左右する最大のポイントでもあります。例えば、晴海フラッグの初期価格が「割安」と見なされた後、一気に価格が上昇した背景には、この需要と供給の関係が深く関わっています。

初期の晴海フラッグには、様々な層から強い需要が集中しました。

- **実需層**：ファミリー層や単身者が「職住近接」のメリットを求めて購入
- **投資家層**：「将来的に価値が上がる」と判断した国内外の投資家

しかし、供給量が需要に追いつかない状況が続き、価格は急上昇。さらに、コロナ禍の収束が見えてくる中で、次のような要因が市場を後押ししました。

- **インバウンド需要の回復**：海外投資家や居住希望者の増加
- **日本経済の回復期待**：金融緩和や企業業績の改善による住宅市場の活性化
- **リモートワークの普及**：郊外よりも利便性の良い都市型マンションの価値再評価

一方で、都心5区やブランド地域では、億単位の高額物件が増えすぎた結果、売れ残りが目立ち、価格形成が複雑な状況になっています。このような地域では、「供給過剰」による価格調整リスクが顕在化しつつあるのです。

市場心理と街の魅力が価格を動かす

私は不動産価格には市場心理が大きく作用すると考えています。人々の心理が、時に需要を急増させ、時に停滞させることがあるのです。

「みんなが欲しいと思う物件は値段が上がる」

人気物件は需要が集中し、自然と価格が上昇します。

「なんとなく不安がある街には購買を控える人が多い」

ネガティブなイメージや悪評が広がると、需要が落ち込み価格も停滞します。

晴海フラッグの事例では、次のような要因が市場心理をポジティブに傾けました。

- **「オリンピック村跡地」というブランド力**
- **「大規模な公園や共用部が充実」という生活環境の良さ**
- **「都心までのアクセスが良好」という利便性**

このような要因が口コミやメディアを通じて広まり、新たな需要を喚起。そして、実際に住んでいる人々がSNSやブログで発信する「快適さ」や「子育てのしやすさ」といったリアルな声が、新規購買層の関心をさらに高める結果となりました。

需要と供給のバランスを見極める目を養う

不動産投資において、需要と供給のバランスを見極めることは極めて重要です。特に次の点を意識することが、物件選びの成功に繫がります。

- **地域の将来性を見抜く**：再開発計画や人口動態などを参考に、需要が長期的に維持されるかを判断する。
- **市場心理を把握する**：口コミやメディア報道、住民の声など、地域への評価がどう変化しているかを観察する。
- **供給の状況を調査する**：販売戸数や売れ残り物件の割合をチェックし、供給過剰のリスクを避ける。

例えば、湾岸地域のような再開発地域では、最初に開発が進んだ街と、その後に整備が進む街では、需要の波が異なります。その流れを正しく捉えることで、次に「どこで価格が伸びるのか」を予測しやすくなるのです。

晴海フラッグが示す未来の可能性

晴海フラッグの成功事例は、「需要と供給のバランス」が適切に作用し、価格が上振れするケースを教えてくれます。このバランスを見極める力を養えば、不動産投資の成功確率を大きく高めることができるでしょう。

不動産価格は、数字やデータだけでなく、人々の心理や街の魅力に大きく左右されます。単なる「立地」や「スペック」だけではなく、その街にどんな未来が待っているのか、その街に住む人がどんな思いを持っているのかを知ることが、投資の成功に繋がるのです。

では、未来の価値を読み解くには、どのような視点を持つべきなのか。今度は、「地域の未来を読む」ための具体的な方法について、様々な観点から詳しく掘り下げていきます。

第3節　地域の未来を読む：再開発・交通網・周辺影響

不動産の価値は、「今」だけを見て判断するものではありません。特に、大規模な再開発が進行し、新たな交通インフラが整備される地域では、「この街が未来にどのように変貌を遂げるのか？」こそが、投資判断の鍵となります。

本節では、**晴海地区における開発計画、湾岸地下鉄構想（晴海駅）、そして築地市場跡地再開発が晴海フラッグに与える影響**の3つの視点から、この地域の未来像を描いていきます。ここにこそ、私が「晴海フラッグ」に注目し、〝街とともに価値を創る〟と強く信じる理由があります。

3-1 晴海地区における開発計画

2020年のオリンピック・パラリンピックで、この晴海地区は選手村として世界中から注目を集めていました。しかし、私がワクワクしたのは、オリンピックが終わった後の未来でした。

この地は単なる選手村の跡地として留まるのではなく、「東京を象徴する未来型の居住地域」へと進化していく。そのビジョンに胸が高鳴りました。

やがて発表された再開発計画には、目を見張るものがありました。

- **選手村跡地を再利用した大規模な分譲マンション群**
- **緑豊かな公園整備と自然環境の回復**
- **教育施設やスポーツ施設の充実**

これは単なる住宅開発ではなく、「未来の暮らし方」を具現化する壮大なプロジェクトでした。都市としての利便性と、自然と共存する快適な生活空間。その両方を備えた新しい街づくりが、この晴海地区で進んでいるのです。

まちびらき後も続く拡張の可能性

都市開発において、「完成」とはしばしばゴールだと考えられがちです。しかし、晴海のケースではむしろ逆。まちびらきは「始まり」に過ぎないと感じます。プロジェクトが完成に近づくにつれて、新たな住民が街を彩り、そこに暮らす人々のニーズに応じて新しいサービスや施設が自然と生まれていく。それが晴海の進化の本質です。

特に、晴海フラッグを含むこの地域の計画は、未来志向のアップデートを繰り返す柔軟性を持っています。固定化された一つのビジョンではなく、時代や人々のライフスタイルの変化に寄り添いながら成長を続けるのです。まだ手つかずの地域、活用可能な空間、そしてこれから形成される新しい地域社会全てが「伸びしろ」として期待されます。

私自身、この地域が未来へと伸びていくその過程を楽しみにしています。晴海が描く次のチャプターは、どのような形であれ私たちの想像を超えるものであるに違いありません。そして、その成長の物語を私たち一人ひとりが共有することが、この場所の本当の魅力を引き立てるのだと思います。

では、この晴海地区がどのように進化していくのか、そのプロセスをさらに掘り下げていきましょう。

3-2　湾岸地下鉄構想（晴海駅）の可能性

新交通が変える街のかたち

交通インフラの整備は、不動産価値を左右する最も重要な要素の一つです。現在、晴海フラッグ周辺ではBRT（バス高速輸送システム）の本格運行が始まり、銀座や東京駅へのアクセスが格段に向上しています。この新たな交通手段が、地域全体の利便性を押し上げているのは間違いありません。

しかし、私が特に注目しているのは湾岸地下鉄構想です。この構想では、晴海地区に〝晴海駅（仮称）〟が設置される可能性が取り沙汰されています。まだ正式決定ではないものの、もし実現すれば都心部への移動手段が飛躍的に増え、街の魅力は大きく向上するでしょう。晴海は〝未来型の都市〟として開発が進んでいますが、そこに地下鉄という新たな柱が加われば、地域のポテンシャルはさらに広がります。

私は、このような新交通が創り出す未来の街の姿を「多様な移動手段を基盤とした都市」と呼びたいと思います。この未来は単なる予測ではなく、今のインフラ整備の流れを見れば、確実に現実味を帯びていると感じます。

車利用者にも恩恵がある

「地下鉄ができれば車は必要ないのでは？」と考える人もいるかもしれません。しかし、私は駅利用と車利用は競合するのではなく、むしろ共存するものだと思っています。晴海フラッグは首都高速の出入口が近く、羽田や成田への空港アクセスにも優れています。これは、すでに大きな強みと言えるでしょう。

仮に晴海駅が開業した場合でも、この地域の車利用者にとってはむしろ選択肢が広がるだけです。急な天候変化や家族の予定変更に対応するため、鉄道やバス、車を状況に応じて使い分ける環境が整うことは、非常に大きな安心感をもたらします。交通手段の多様性が地域の価値を高める鍵であり、その点で晴海地区の未来は非常に明るいと感じます。

駅がなくても十分魅力的、だが…

正直なところ、私は「駅がなくても晴海フラッグを選ぶ価値は十分にある」と考えています。実際、私自身が車通勤で晴海と銀座を行き来していますが、15～20分ほどで移動できており、不便さを感じることはほとんどありません。

それでも、湾岸地下鉄構想が実現し、晴海駅が誕生すれば街全体の価値は格段に上がるでしょう。駅の誕生は、住む人だけでなく働く人や訪れる人の流入を促し、街をより活気あるものにするはずです。そして、その結果、不動産価値にも大きな波及効果をもたらすでしょう。

私は、この未来が単なる夢物語だとは思いません。都心部の地価上昇、郊外への人口シフト、新しい交通政策の推進。これらの要素が絡み合い、「駅を中心とした街づくり」から「多様な移動手段が選べる街づくり」へのシフトを後押ししています。これまでの都市開発の常識を超えた、新しい都市モデルがここに生まれようとしているのです。

そして、この変化はすでに始まっています。次のステップでは、晴海フラッグがどのように「交通の多様性」を基盤にした街づくりを展開するのか、その詳細を掘り下げていきましょう。

3-3 築地市場跡地再開発が与える晴海フラッグへの影響

築地市場が豊洲へ移転したことで、跡地の再開発が新たなステージに入りました。商業施設、国際規模のイベントホール、さらには水辺観光を取り入れた都市計画――様々な構想が検討されており、これまでの築地とはまったく異なる、未来志向の地域へと変貌を遂げようとしています。

ここで注目したいのが、築地跡地と晴海・豊洲地域を繋ぐ〝水辺観光〟の相乗効果です。

築地〜晴海：水辺観光と商業の一体化

築地から晴海・豊洲へと続く水辺地域は、観光やショッピングの回遊ルートを自然に形成しやすい地理的条件を備えています。築地跡地が新たな商業地域として本格稼働すれば、観光客やビジネス客が「ついでに晴海フラッグにも立ち寄る」という流れが今まで以上に強まることが予想できます。

これは単なる観光資源の拡大に留まらず、晴海フラッグを単なる居住地ではなく、「都市型レジャーや観光を楽しむ拠点」としての新たな価値へと押し上げることになるのです。

晴海の利便性がさらに高まる

築地跡地に大型の商業・観光拠点が誕生すれば、晴海フラッグの居住者にとって生活の幅が一気に広がります。これまでは「銀座や有楽町」が主な生活圏だったものが、「築地や豊洲」も日常的な行動範囲に加わり、その日の気分や目的に応じて多彩な楽しみ方が可能になります。

さらに、訪問客の増加に伴い、公共交通や道路インフラの整備が促進される可能性も高まります。交通利便性の向上は、住む人にとっての快適さを増すだけでなく、新たな飲食店やサービス業の展開を呼び込み、経済活動の活性化を促します。その結果、街全体がより豊かに成長していくという〝好循環〟が生まれるのです。このように、晴海フラッグは住む人と街がともに成長する理想的なモデルを体現する地域へと進化していくでしょう。

湾岸地域が繋がり、ブランド化する

私が描く未来像は、単に築地跡地の再開発が晴海フラッグにプラスの影響をもたらすというだけではありません。もっと広い視点で、**豊洲**、**有明**、**勝どき**、**築地**といった湾岸地域全体が水辺を軸に一つのネットワークとして結ばれ、東京を代表する新たな海辺の顔となるビジョンです。このビジョンにおいて、晴海フラッグがその中心的存在となるのは間違いありません。

オリンピック選手村として世界的な注目を集めた過去、まちびらきによる地域の活性化、そして築地跡地との連携。この全てが融合し、晴海は単なる居住地域ではなく、グローバルな都市としてのアイデンティティを確立する。

私は、この未来に確信を持っています。

「新しい東京の海辺ライフスタイル」は、湾岸地域全体のブランド力を高め、長期的に不動産価値を支え続ける鍵になるでしょう。そして、晴海フラッグがこの未来を先導する存在として輝き続ける日が、もうすぐそこまで来ていると、私は確信しています。

しかし、この変化は単なる「一つの街の進化」では終わりません。むしろ、晴海フラッグを中心に、湾岸地域全体が巨大な変革の波に包まれようとしているのです。

3-4 再開発×交通×周辺地域の相乗効果

晴海地区の再開発、湾岸地下鉄構想による「晴海駅（仮称）」の可能性、そして築地市場跡地の再開発――これら3つの要素は、一見するとそれぞれ独立したプロジェクトに見えます。

しかし、実際にはこれらが相互に影響を与え合い、湾岸地域全体に「大きなうねり」を生み出しているのです。

これを単なるインフラ整備や商業施設の拡張と捉えるのは、あまりにも表層的すぎるでしょう。確かに、駅や商業施設が完成すれば、その瞬間的な不動産価値の上昇は期待できます。しかし、本当に重要なのは、「街全体が持続的に活性化し続けるかどうか」という視点です。

そして、晴海地域はまさにその可能性を体現しつつあるのです。

街に訪れるたびに変化を感じることができる。

住民のライフスタイルが進化し、次々と新たなビジネスが生まれる。

周辺地域と連携し、常に新しい価値が生み出され続ける。

こうした動きは、単なる都市開発ではなく、「人々の生活や未来の東京を象徴するビジョン」そのものなのです。晴海フラッグがこの「うねり」の中心にいることは、もはや偶然ではありません。

循環する価値──街と人の共存

晴海フラッグが持つ最大の強み、それは「循環する価値」です。

新しい施設が完成するたびに人々が集まり、そこからさらに新たな需要やビジネスが生まれる。この連鎖が湾岸地域全体のダイナミズムを生み出しているのです。

こうした街の進化のサイクルは、晴海フラッグを単なる「住むための場所」ではなく、「成長し続ける街」へと昇華させます。つまり、ここには投資家や居住者にとって、「建物そのものの魅力」だけではなく、「街全体が進化する力」が備わっているのです。

それは、未来のライフスタイルを創り出し、住む人々に新たな可能性をもたらすものと言えるでしょう。

例えば、

- **新しい交通インフラが整えば、より多くの人がこの街を行き交うようになる**
- **新たなビジネスが誕生し、都市としての活力が増す**
- **住む人の数が増え、さらに街の魅力が向上する**

このような「好循環のサイクル」が続く限り、晴海フラッグを中心とした湾岸地域は、単なる住宅地に留まらず、東京の未来を象徴する都市へと成長し続けるのです。

未完成の街に秘められた可能性

「再開発」「交通網」「周辺地域の連動」。これらを聞くと、どこか遠い未来の話のように感じるかもしれません。しかし、私にとってそれは「夢」ではなく、「必然」です。なぜなら、人々が本当に求める豊かさは、こうした街のダイナミズムからしか生まれないと確信しているからです。

晴海という街の最大の魅力、それは「未完成」にあります。まだ形を成し切っていないからこそ、そこには無限の可能性が広がっている。この「未完の魅力」こそが、住む人々や投資家にとって、未来を共に創造する機会そのものなのです。

晴海フラッグは、「ただの居住地」ではなく、「不動産価値の話」だけでもなく、「東京の未来を一緒に形作るプロジェクト」なのです。

この街がどのように進化し、どのように世界に新しい東京の顔を示していくのか——その可能性に立ち会えることとは、私たちにとって大きな喜びとなります。そのため、そこでも私の想いはただ一つ。この未来を、一人でも多くの人と共有し、一緒に「未来の東京」を築いていきたい。

それこそが、私の原動力であり、晴海フラッグに注ぐ情熱の源なのです。

ではこれから、どのような「未来の東京」が形作られていっているか、をデータとともにお話ししていきます。

第4節　晴海フラッグの例に見る価格変動と市場分析

4-1　5000万円台→9000万円台への急上昇要因

新型コロナウイルスの影響で、私たちの生活は大きく変わりました。特にリモートワークの普及は、不動産市場に劇的な変化をもたらしました。

かつては、「会社の近くに住めばＯＫ」という考えが一般的でした。しかし、在宅勤務が日常化するにつれ、「家の快適さ」への関心が急上昇。多くの人が、「多少高くても広く快適な家に住みたい」と考えるようになったのです。

湾岸地域は、この新たなニーズに見事にマッチしました。

●晴海や豊洲の特別な魅力

広々とした居住空間、海辺の開放感、窓からの美しい眺望。これらの要素が、「自宅で過ごす時間の質」を高め、リモートワーカーたちを惹きつけました。

●都心アクセスと在宅環境のバランス

完全リモートではなく「週に数回出勤」というライフスタイルにとって、晴海や豊洲の立地は理想的。「職住近接の利便性」と「リゾートのような住環境」を両立できる点が評価され、購入希望者が急増しました。

外国人投資家・インバウンド需要の影響

コロナが収束し、国境が再び開かれると、海外の投資家が日本の不動産市場に戻ってきました。

その背景には、いくつかの要因があります。

●外国人投資家の積極的な動き

円安の影響で、海外投資家にとって東京の不動産が「割安」に感じられる状況が続きました。

特に、晴海フラッグのような新築・高品質の物件は、世界基準で見ても魅力的。結果として、海外からの購入希望者が急増しました。

●外資系ファンドの集中買い

港区や中央区のタワーマンションを中心に、外資系ファンドが大規模に物件を取得。その波及効果は、晴海フラッグの価格にも及び、中古市場でも上昇圧力がかかりました。

このように、国内外の需要が重なり、価格上昇の流れをさらに加速させたのです。

以下の具体的な取引データを見てみると、晴海フラッグの価格がどれほど急騰したのかがわかります。

● **物件A（約70㎡・3LDK・中層階）**

●２０２１年春：**６２００万円で購入**

●２０２３年夏：**８５００万円で売却**

●**値上がり幅：＋２３００万円**

● **物件B（約80㎡・3LDK・高層階）**

●２０２１年初：**７０００万円台で契約**

●２０２３年春：**９８００万円の売り出しに反響**

●**値上がり幅：＋２８００万円**

※筆者以外の一部の個別の事象の例になります。

２〜３年という短期間で、２０００万円以上の売却益を得た事例が続出。これは、単なる一時的な価格上昇ではなく、構造的な需要増によるものと言えるでしょう。

価格上昇の要因を分解

では、なぜここまで価格が急上昇したのでしょうか？　その理由を分解すると、次のような要因が絡み合っていることがわかります。

● リモートワーク需要の拡大

在宅時間の増加により、「広い家」「快適な環境」へのニーズが高まり、湾岸地域の人気が急上昇。

● 地域のブランド力

オリンピック選手村跡地という特別な立地が、「未来価値」を感じさせ、国内外の購買層を惹きつけた。

● 外国人投資家の参入

円安による「東京の割安感」を狙った海外資金が流入し、特に新築・高級マンションの価格を押し上げた。

● 中古市場の供給不足

初期購入者の多くが物件を手放さず、市場に出る中古物件の数が限られたため、供給不足による価格高騰が発生。

この複数の要因が絡み合い、晴海フラッグの価格は「5000万円台→9000万円台」という驚異的な上昇を遂げたのです。※筆者の所有事例しかし、これは単なる一時的な高騰ではありません。むしろ、今後の不動産市場を見極める上で、以下のような極めて重要な教訓を含んでいるのです

1. 需要のシフトを読むことが利益に繋がる

コロナ禍のような社会変化が生む新しい需要を早期に捉えることが、成功の鍵となります。

2. 地域の魅力を見抜くことで長期的な価値に繋がる

晴海や豊洲のように、生活環境と利便性のバランスが取れた地域は、短期的な価格変動に強い特徴があります。

3. 希少性が生む価格の力を最大限発揮することが大切

中古市場での供給不足が価格上昇に大きく寄与した点は注目すべきポイントです。

晴海フラッグの価格急上昇は、社会の変化（リモートワーク需要）や市場環境（円安、外資の参入）、地域特性（湾岸地域の魅力）といった複数の要因が重なり合った結果です。

つまり、これは単なる「投機」ではなく、「地域の本質的な価値」に裏付けられた価格変動だったのです。

では、この地域が今後どのように発展し、不動産市場にどのような影響を与えるのか？

次に、その核心に迫ります。

4-2 オリンピックレガシーと街の未来

東京2020大会が終わった後、「オリンピックが終われば価値が下がるのでは?」という声も聞かれました。しかし、私はむしろ「オリンピック後こそ、本当の発展が始まる」と確信していました。その理由はシンプルです。

オリンピックは「ゴール」ではなく、「スタート」だったから。

大会終了後には、「まちびらき」「インフラ整備」「新たな需要の創出」といった次のステージが待っていました。そして、実際に晴海フラッグ周辺では、オリンピック後だからこそ価値が伸びる要因が次々と生まれています。

実際、晴海フラッグ周辺では以下のような動きが見られました。

1. 新しい商業施設や公園の整備

日常の利便性や住環境が大きく向上。

2. 地域社会（コミュニティ）の形成

新しい住民の流入により、多世代・異文化が融合した活気ある街が形成されました。

3. 交通アクセスの改善

都心部へのアクセスがさらに良好になり、職住近接を求める層にとっての魅力が増加しました。

「職住近接を求める層」にとって、晴海はますます魅力的な地域へと進化しました。

不動産価格の限界と外部要因

しかし、どんな不動産市場も永遠に右肩上がりを続けるわけではありません。価格上昇には限界があり、次のような外部要因が影響を及ぼす可能性があります。

1. **金利の上昇**
住宅借入の金利が上がれば、借入コストが増加し、購買意欲が低下。結果として、不動産市場の成長が鈍化するリスクがある。

2. **経済成長率の鈍化**
景気が停滞すれば、高額物件への投資意欲が低下し、需要が落ち込む可能性。

3. **供給過剰**
湾岸地域では今後も再開発プロジェクトが控えており、供給が一気に増えれば、一部の地域で価格が調整される可能性がある。

しかし、それでも晴海フラッグのような「本質的な価値を持つ地域」は、単なる投機的な上昇ではなく、街の魅力と需要の強さに支えられた価格上昇を遂げてきました。

街づくりと不動産投資の未来

晴海フラッグの事例は、オリンピックのような一過性のイベントが街の価値にどのように影響を与えるかを考える貴重なヒントを与えてくれました。そして、それ以上に重要なのは、「その後の街づくりと住環境の進化が価格を支えた」という事実です。

不動産市場で成功を収めるためには、短期的な価格動向だけでなく、長期的な視点で「街の未来」を読み解く力が必要です。この「未来を見据える投資」こそが、不動産投資や物件選びにおける最大の鍵だと言えるでしょう。

過去のデータや現在の価格だけでなく、「この街は5年後、10年後にどんな姿になっているのか？」を想像する力が、本当の意味で価値のある物件を見つけることに繋がるのです。

そして、この視点を具体的に活かすためには、「どのような物件を選ぶべきか？」という視点が欠かせません。

この章のラストである次の節では、あなたの一手が、「未来の価値ある不動産」との出会いに繋がることを願って、「失敗しない物件選びの確認項目」を紹介し、「後悔しない不動産投資」の実践方法をお伝えします。

第5節　失敗しない物件選びの確認項目

「未来を見据える投資」の観点から不動産を選ぶ。つまり、長期的に資産価値を維持できる物件かどうかを見極めるために、重要なポイントを整理しました。参考にしていただければ幸いです。

5-1 再開発やインフラ整備の情報をチェックする

街の未来を読む力が、不動産投資の成否を分ける

物件を選ぶ際に、地域の将来性を見極めることは非常に重要です。

新たなインフラ整備や再開発計画がある地域は、長期的に価値が高まりやすいからです。

チェックすべきポイントは以下の通りです。

- **地下鉄の延伸・新駅の設置**→交通アクセスが向上すると、居住ニーズが高まりやすい
- **高速道路や主要道路の整備**→自動車での移動が便利になることで、通勤・通学地域が広がる
- **公共施設の新設や移転**→病院・学校・商業施設が整備されることで、住みやすさが向上

これらの情報は、自治体の都市計画資料や不動産業界のレポートなどを活用して確認できます。

また、地域の説明会や地元のニュースも貴重な情報源になります。

再開発のタイミングを見極める

再開発は一朝一夕で完了するものではなく、10年〜20年という長期的なスパンで進行するものです。

「まちびらき」によって大規模な商業施設や住宅地が整備されると、一気に地域の価値が跳ね上がるこ

とがあります。

例えば、晴海フラッグのまちびらきでは、

- **大型商業施設のオープン**
- **公園や公共施設の整備**
- **新住民向けの地域社会（コミュニティ）形成イベント**

といった施策が同時に進行しました。

こうした地域では、「住みやすさ」が向上するため、将来的な資産価値も安定しやすいのです。

5-2 日常生活の利便性を細かく確認する

「駅徒歩何分」という指標も重要ですが、それだけでは十分ではありません。

日々の生活の快適さを考える上で、次のポイントに注目しましょう。

- **スーパーやドラッグストアは徒歩圏内にあるか？**→24時間営業のスーパーが近くにある地域は、生活利便性が高い
- **医療機関・教育施設は充実しているか？**→特にファミリー層にとって、小学校や総合病院の有無は大きな判断材料
- **商業施設や公園など、休日に過ごせる場所があるか？**→「平日の暮らし」だけでなく、「休日の

充実度」も重要なポイント

例えば、晴海フラッグでは、

● **「ららテラス」のような商業施設が充実**
● **最新の小中学校や温水プール付きの教育施設が整備**
● **広々とした公園が整備され、ファミリー層に人気**

といった要素が揃っており、「日常生活の快適さ」が大きな魅力となっています。つまり物件選びは、「その街で1週間暮らしたらどんな生活になるか」を考えることで、真に満足できる地域を見つけられるのです。

5-3 供給過剰にならない地域を選ぶ

物件の価値が安定して上昇するかどうかは、「供給過剰にならないか？」をチェックすることで見えてきます。

次のような情報を確認しましょう。

● **近隣で今後販売予定の新築マンションの数** ↓ 供給が集中すると、一時的に価格が抑えられる可能性がある
● **賃貸市場の需要が安定しているか** ↓ 投資目的なら、賃貸物件の成約率や家賃相場を調査

- **地域の人口動態**→人口が増加傾向にある地域は、長期的に需要が安定しやすい

例えば、晴海フラッグでは、

- **周辺地域での新築供給が限られている**
- **供給数に対して実需層（住みたい人）が多い**
- **賃貸市場でも高い家賃で成約が続いている**

といった要因が揃っており、「供給過剰になりにくい」という強みを持っています。

5-4 価格が適正か、相場と比較して判断する

物件の価格が適正かどうかを判断するためには、周辺相場との比較が欠かせません。
チェックすべきポイントは以下の通りです。

- **同一地域の新築・中古価格と比較する**→「坪単価」や「築年数ごとの価格推移」をチェック
- **ブランドマンションかどうか**→高級ブランドマンションは、資産価値が落ちにくいが割高なこともある
- **建物の構造や管理体制が価格に見合っているか**→免震構造・共用施設の充実度・修繕積立金の水準などを確認

例えば、晴海フラッグは「オリンピック選手村跡地」というブランド価値も加味され、

地域の他のマンションよりも価格が高めに設定されています。
しかし、

- **免震構造の採用**
- **広い専有面積**
- **街全体の統一管理による修繕計画の安定性**

といった特徴を考えれば、「価格に見合った価値がある」と判断できます。

5-5　自分の投資目的に合った物件を選ぶ

不動産を購入する目的が、

- **「自分で住むため」**
- **「投資として運用するため」**

なのかによって、選ぶべき物件の条件は異なります。

自宅利用の場合

- **住みやすさを最優先（周辺施設・学校・病院の充実度）**
- **将来的に賃貸に出す可能性も考慮（需要がある地域か）**

投資目的の場合

● **賃貸需要が安定している地域を選ぶ**

● **短期売却ｖｓ長期保有の戦略を決める**

例えば、晴海フラッグのような大規模開発地域は、

● **長期的な街の成長を見守るスタイルに向いている**

● **短期売買も可能だが、数年後の価格上昇を見越して長期保有がベター**

といった特徴があるため、自分の投資スタイルに合わせた戦略が必要になります。

まとめると、本当に価値のある不動産を選ぶには、以下のポイントを押さえることが重要です。

1. **再開発やインフラ整備の情報をチェックする**
2. **日常生活の利便性を細かく確認する**
3. **供給過剰にならない地域を選ぶ**
4. **価格が適正か、相場と比較して判断する**
5. **自分の投資目的に合った物件を選ぶ**

物件選びは、単に「価格が安いから」「立地がいいから」だけで決めるものではありません。

長期的な視点を持ち、「この街がどのように成長するか？」を見極めることが、不動産購入で後悔しない最大のポイントです。

《第2章を終えて》

本章では、「成功する物件選び」の極意を解き明かし、物件の潜在価値の見極め方、需給バランスの読み方、売れやすい価格帯の法則、晴海フラッグの価格上昇から得られる教訓、そして失敗しない物件選びの確認項目について詳しく解説しました。

特に、晴海フラッグの驚異的な価格上昇は、単なる偶然ではなく、街の成長とインフラ整備が生み出した〝必然〟の結果でした。

この地域の価値が短期間で飛躍した背景を紐解くことで、「不動産の価値は、未来をどう描けるかにかかっている」という投資の本質が明らかになったはずです。

しかし、湾岸地域の可能性は、決して晴海フラッグだけに留まりません。

むしろ、この地域には、晴海フラッグと同等、あるいはそれ以上の規模と魅力を備えたタワーマンション群が密集し、東京の未来地図を塗り替えようとしています。

それらは単なる住宅ではなく、新しい都市の在り方を象徴する存在となり、今まさに投資家や実需層の注目を集めています。

では、湾岸タワーマンションの真の価値とは一体何なのか？

なぜ、この地域はこれほどの成長を遂げ、さらに価値を伸ばし続けているのか？

次章では、中央区湾岸地域が持つポテンシャルをさらに深掘りし、湾岸タワーマンションの本質的な魅力を明らかにしていきます。

未来を見据えた投資のヒントを探しに、一緒に次のステップへ進みましょう。

ここからが、もっと面白くなるはずです。

第3章　中央区湾岸タワーの魅力
――未来を担う〝大規模開発〟の真価

晴海フラッグの成功が象徴するように、中央区湾岸地域は今、東京の中でも特に注目を集める地域の一つです。

しかし、その魅力は決して晴海フラッグに留まりません。

むしろ、この地域には、晴海フラッグに匹敵する、あるいはそれ以上の規模と魅力を持つタワーマンション群が次々と誕生し、まるで東京の未来地図を描き直すかのような大規模プロジェクトが進行しています。

そして今、その存在が投資家や実需層の視線を一身に集めているのです。

では、湾岸タワーマンションの真の魅力とは一体何なのか?

なぜこれほどまでに注目され、未来の東京を形作る存在となっているのか?

さあ、一緒に覗いてみましょう

第1節　湾岸タワーマンションの〝顔〟となるプロジェクト

湾岸地域のタワーマンションは、ただ高層であるだけではありません。

その魅力は、圧倒的なスケール感、高い生活クオリティ、そして未来都市を思わせるデザインにあります。これらの要素が融合することで、住む人々のライフスタイルを一変させる、新しい都市の形が生まれつつあるのです。

では、晴海・勝どきエリアにおける代表的なプロジェクトを見ていきましょう。

● **ザ豊海タワーマリン&スカイ**
総戸数2046戸を誇る大規模ツインタワーで、スカイラインビューと海の景色が特徴的。

● **勝どきビュータワー**
総戸数712戸、勝どき駅直結の利便性と53階建てのスケール感が魅力。

● **ザ・東京タワーズ**
総戸数2794戸という超大規模ツインタワーで、湾岸地域を象徴するランドマークの一つ。

● **ザ・パークハウス晴海タワーズクロノレジデンス**
総戸数883戸、免震構造と長期優良住宅の特徴を持つ、安心と快適を両立させた住環境。

● **パークタワー勝どきサウス**

総戸数は1665戸、58階建ての制震構造。「高層×安心×洗練されたデザイン」の三拍子が揃った、未来志向の住空間。

これらのタワーマンション群は、まさに東京を代表する「大規模再開発地域」の成果であり、中央区湾岸に壮観なスカイラインを描き出しています。

しかし、この地域の価値は、単なる都市の発展に留まりません。ここには、未来の東京を形作る大きな可能性が秘められているのです。

湾岸地域が示す未来の可能性

湾岸地域に次々と誕生するプロジェクトは、単に新しい居住空間を提供するだけではありません。それぞれのタワーマンションが持つ特徴は、住民のライフスタイルを大きく変え、さらに資産価値にも直結する影響を与えています。個々のマンションが魅力を高めることで、湾岸地域全体のブランド力が向上し、結果的に東京全体の発展を後押しすることに繋がるのです。

例えば、「ザ豊海タワーマリン&スカイ」のような大規模プロジェクトが誕生すると、そこに住む人々の流れが変化し、地域の人口構成や消費動向に大きな影響を与えます。

新たな住民が増えれば、それに伴い商業施設の開発が進み、カフェやレストラン、フィットネスジムなどの利便施設が充実していく。

こうした変化は、やがて新しい地域社会の形成を促し、地域全体の価値を押し上げていくのです。

さらに、この地域の発展を支える重要な要素が、交通インフラの進化です。

地下鉄の新線計画やバス路線の拡充、駅周辺の再開発などのプロジェクトが進むことで、湾岸地域は都心とさらに密接に結びつきます。

通勤・通学の利便性が向上することで、地域の魅力が一層増し、結果として長期的な資産価値の安定にも繋がるのです。

投資としての魅力：未来を見据えた選択

湾岸地域のタワーマンションは、居住空間としての魅力だけでなく、投資対象としても非常に高いポテンシャルを持っています。

大規模プロジェクトの完成が相次ぐことで、周辺の地価や賃料は上昇傾向にあり、すでに多くの不動産投資家が注目する地域となっています。

特に、これから完成予定のプロジェクトに目を向けることが重要です。

完成直後の物件価格は比較的安定しているため、中長期的な成長を見込んで早めに購入することで、大きなリターンを得る可能性が高まります。

さらに、新築のタワーマンションは最新の設備やデザインが採用されているため、将来的に中古市場でも競争力を持ちやすい。

住みやすさと資産価値の両面を考えた場合、湾岸地域のタワーマンションは、これからの不動産市場において有望な選択肢となるでしょう。

湾岸地域は、未来の東京を形作る重要なピース

これらのプロジェクトは、単なる「新しいマンション群」ではなく、都市全体の進化を支える存在です。湾岸地域には、投資家や実需層にとって多くの可能性が秘められており、今後もその価値はますます高まっていくでしょう。

では、数ある物件の中で、どのタワーマンションが最も将来性を秘めているのか？どの地域に、より大きな成長の可能性が眠っているのか？

次節では、あなたの資産価値を最大限に高めるための重要なヒントをお届けします。

第2節　中央区湾岸に密集するタワーマンションの魅力

2-1　超大規模プロジェクトの存在感

東京の中心に位置する湾岸地域は、これまで「勝どき」「晴海」「月島」「豊海」といった下町の風情を残す街として親しまれてきました。

しかし、過去20年でこの地域は劇的な変貌を遂げ、ツインタワー形式をはじめとする超大規模マンションが次々と誕生し、新しい都市景観を創り出しています。

その影響は、街の景観だけに留まらず、人口構成や住環境にも及び、今や東京の未来を象徴する地域の一つとなりつつあります。

では、この地域の代表的なプロジェクトを見ていきましょう。

●ザ豊海タワーマリン&スカイ

総戸数２０４６戸という圧倒的規模を誇るツインタワー。小学校に隣接し、マンション内には保育所の設置が予定されています。さらに、３階には住民専用のコンビニ誘致計画も進行中。ファミリー層に特化した設計と、日常生活の利便性が大きな魅力となっています。

●ザ・東京タワーズ

地上58階建て、総戸数２７９４戸という規模を誇る、湾岸地域を象徴する大規模ツインタワー。24時間営業のスーパーやプール、フィットネスジムなど、まるで高級ホテルのような共用施設を完備。さらに、コンシェルジュサービスやゴルフレンジも提供され、都心生活をより豊かにする要素が詰まっています。

これらのタワーマンションは、もはや「住むための場所」という枠を超え、「建物の中で日常生活が完結する新しいライフスタイル」を提案する存在へと進化しているのです。

2-2 駅直結や大規模再開発による高い利便性

湾岸タワーマンションが持つ大きな魅力の一つに、圧倒的な交通利便性があります。都心への主要路線である都営大江戸線「勝どき駅」や東京メトロ有楽町線「月島駅」と直結する物件が多く、通勤・通学のしやすさが大きな魅力となっています。

●勝どきビュータワー

勝どき駅直結の立地が最大の強みで、総戸数712戸を誇ります。マンション内にはスーパー、ドラッグストア、クリニック、レストラン、保育所、児童館が揃い、まるで「都市の中の都市」ともいえる充実度を誇ります。さらに、24時間有人管理体制による高いセキュリティも評価されており、安心感のある住環境が提供されています。

また、駅から少し距離がある物件であっても、湾岸地域全体で進む道路整備やBRT（バス高速輸送システム）の拡充により、地域全体のアクセス性はさらに向上しつつあります。

そして、今後の発展を考える上で注目したいのが、湾岸地下鉄構想です。

これが実現すれば、湾岸地域の交通利便性は飛躍的に向上し、都心とのアクセスがよりスムーズになります。

現在でも十分に便利な地域ですが、この新たなインフラが加わることで、湾岸地域の魅力はさらに増し、不動産価値のさらなる上昇も期待されます。

ここまで見てきたように、中央区湾岸地域は単なるマンション開発の枠を超え、都市全体の成長の一環として、計画的に発展を遂げている地域です。

この地域が持つポテンシャルは、「湾岸地域の発展」という単純な枠組みを超え、東京全体の都市計画の一部として、どのように成長していくのか――その未来が、今まさに描かれつつあります。

そして、それは単なる都市の発展ではなく、「未来の東京の暮らし方」を提案する新しいライフスタイルの創造でもあるのです。

では、この地域のタワーマンションが持つ本質的な魅力とは何か？　それは、ただの住空間ではなく、「快適に住み続けられる安心感」があること。そして、その安心感を支えるのが、大規模管理と長期修繕計画です。

2-3　大規模管理と長期修繕計画による安心感

タワーマンションに住む最大のメリットは、圧倒的な眺望や最新の設備だけではありません。

規模の大きさを活かした管理体制の充実と、長期的な修繕計画がしっかりと整っていることも、住む人にとって大きな安心材料となります。

多くの住民が暮らす大規模マンションでは、管理費や修繕積立金が十分に確保されやすく、計画的な修繕や設備の維持管理が行いやすいという特徴があります。

これにより、共用施設の質を長く保ち、建物全体の資産価値を維持しやすくなるのです。

その具体例として、以下のようなプロジェクトが挙げられます。

● **ザ・パークハウス晴海タワーズクロノレジデンス**

地上49階建て、総戸数883戸。免震構造を採用し、長期優良住宅に認定されています。また、修繕積立金を均等積立方式に変更することで、将来の大規模修繕に備える姿勢が高く評価されています。

こうした「大規模ゆえの安心感」を提供する物件は、住む人々に快適性をもたらすだけでなく、将来の売却や賃貸の際にも資産価値が落ちにくいという大きなメリットがあります。

つまり、中央区湾岸地域のタワーマンションの魅力は、

● **圧倒的な規模**
● **優れた利便性**
● **高度な管理体制による安心感**

という3つの柱で成り立っているのです。

これらの物件は、単なる「高層マンション」ではなく、地域全体の発展を支える存在となっており、住む人にとっては新しいライフスタイルの場を提供し、投資家にとっては価値の安定した資産としての魅力を持っています。

では、こうしたタワーマンションを投資対象として考える場合、どのようなポイントに注目すべきなのか？

なぜ湾岸地域は投資家にとって魅力的なのか？　そして、今後さらに価値を伸ばしていくのはどの物件なのか？

次節では、湾岸地域のタワーマンションの投資価値と、資産価値を伸ばすための視点やヒントを、一緒に探っていきましょう。

第3節　各タワーに見る〝投資・実需〟両面での優位性

3-1　賃貸市場の安定性

湾岸タワーマンションは、賃貸市場においても高い需要を維持しています。

その理由は、「良好な住環境」と「都心への優れたアクセス」を兼ね備えた立地条件にあります。

では、実際にどのような物件が安定した賃貸需要を誇っているのか、具体的に見てみましょう。

●ザ豊海タワーマリン&スカイ

駅から徒歩10分とやや距離がありますが、子育て環境が充実しているのが特徴です。特に、一部住戸にはファミリー向けの広めの間取りが採用されており、ファミリー層に高い人気を誇ります。このような物件は、賃貸市場でも長期入居が見込めるため、安定した収益を確保しやすいのが強みです。

●パークタワー勝どきサウス

駅徒歩2分という圧倒的な利便性を誇る物件。管理費や修繕積立金はやや高めですが、駅直結の利便性やタワーマンション特有の充実した共用施設を求める層に支持されており、高い賃料水準を維持すると予測されています。

湾岸地域のタワーマンションは、単身者やカップル層だけでなく、高収入のファミリー層にも人気が高い点が、大きな強みとなっています。

特に、適切な間取りや設備グレードを備えた住戸は、長期入居の可能性が高く、賃貸経営の安定性を確保しやすいのが特徴です。

「好立地×高品質×充実した共用施設」という魅力が、住む人にとっての快適さを生み出し、結果的に投資家にとっても堅実な賃貸市場を支える要素になっています。

しかし、皆さんもご存知の通り、湾岸タワーマンションの投資価値は、賃貸需要の高さだけではありません。

多くの投資家にとって、「売却益（キャピタルゲイン）」も重要なポイントとなります。

湾岸地域のタワーマンションは、物件価格が上昇しやすい傾向があり、売却益を狙う投資家にとっても大きな可能性を秘めた地域なのです。

3-2 売却益（キャピタルゲイン）の可能性

湾岸地域では、再開発や交通インフラの整備を背景に、物件価格が大幅に上昇するケースが多く見られます。

例えば、以下のような事例があります。

●晴海フラッグ

もともと5000万円台で購入した物件が、数年で9000万円台に到達する事例も珍しくないなど、価格上昇が顕著な事例が確認されています。

●ザ・東京タワーズ

築年数が進んでも、大規模修繕の計画がしっかりしており、ブランド力を維持しているため、資産価値が落ちにくいと評価されています。

ます。

● **勝どきビュータワー**
　駅直結で、商業テナントを内蔵していることもあり、市場に出た物件はすぐに買い手がつく傾向があります。リセールバリューの高さは、まさに駅直結型マンションの強みといえるでしょう。

ただし、こうした価格上昇の恩恵を受けるためには、投資家として慎重に見極めるべきポイントもあります。

投資判断で押さえておくべき3つのポイント

湾岸地域では、新築の大規模プロジェクトが続々と供給されており、これによる一時的な価格調整のリスクを考慮する必要があります。

このリスクを回避するため、投資家は以下の要素を慎重にチェックしなければなりません。

● **将来の供給計画**
　周辺地域の新築物件の供給スケジュールを確認し、競争の激化による価格変動リスクを見極める。

● **大規模開発スケジュール**
　新たな再開発計画やインフラ整備の影響が、資産価値にどう影響するかを把握する。

● **金利動向**
　金利が上昇すると、住宅借入を利用する購入者層が減少し、価格に影響を与える可能性がある。

こうした要素を総合的に分析することで、より確実に売却益を狙うための道筋が見えてきます。売却益を狙うなら、将来の供給計画や大規模開発の進捗、金利動向などを慎重に分析することが重要です。

しかし、それだけでは本当の成功には繋がりません。

ここで忘れてはいけないのは、「湾岸タワーマンションの本当の魅力は、住みたい人が多い地域であること」だということです。

なぜなら、人が集まる街には活気が生まれ、暮らしやすさが向上し、それが長期的な資産価値の維持に繋がるからです。

つまり、投資の成功を決めるのは「値上がりを狙うこと」ではなく、「住み続けたいと思わせる力があるかどうか」なのです。

3-3 居住満足度から読み解く〝街の成熟〟

湾岸タワーマンションが持つ本当の価値は、「住む楽しさ」にあります。

それは単なる「資産」としての魅力だけでなく、暮らしを豊かにする設備やサービスが、住む人々の満足度を高め、結果として街の成熟度を押し上げているからです。

湾岸地域のタワーマンションは、まるで高級ホテルのような付加価値を提供することで、居住者に新たなライフスタイルをもたらしています。

例えば、以下のような設備が挙げられます。

● **24時間対応のコンシェルジュサービス**
日常のあらゆるシーンでサポートを受けられることで、生活の快適性が向上。単なる「マンションの管理」ではなく、まるでホテルのようなホスピタリティが提供される。

● **フィットネスジムやスカイラウンジ**
マンション内でジムやラウンジを利用できることで、忙しい日常の中でもリラックスとリフレッシュの時間を確保できる。夜景を楽しみながらのトレーニングや、スカイラウンジでのひときが、日々の暮らしを豊かにする。

● **ゲストルーム**
遠方からの来客を迎えるための宿泊施設を完備。自宅に人を招くハードルが下がり、住民間の交流も生まれやすくなる。

● **ペット対応設備**
マンションによっては、ペット専用の洗い場やプレイゾーンが用意されている。ペットを家族の一員と考える層にとって、これらの設備は大きな魅力となり、住み替えの必要性を低減する。

これらの設備は、無機質になりがちな都心型マンションに地域社会の温かみを加える役割も果たしています。

人々がこの街に愛着を持ち、長く住み続けたいと思う――その積み重ねが、街の成熟度を高め、資産価値の安定や向上に繋がるのです。

「住み続けたい」と思う人が増えることで、街が成熟する

住む人々の満足度が高い街には、自然と人が集まり、結果として「資産としての強さ」も持続します。

湾岸地域は、

- **投資物件としての魅力**
- **住まいとしての快適さ**
- **街の成長性**

この3つを全て兼ね備えた、数少ない地域の一つです。

特に、大規模な再開発が進行中の物件では、資産価値の上昇が見込まれ、投資対象としての魅力も際立っています。しかし、最も大切なのは、価格の上昇ではなく、「この街に住みたい」と思わせる力があるかどうかです。

街そのものに、人を惹きつける魅力があれば、住む人々の満足度が高まり、それが長期的な資産価値の維持に繋がる。

これこそが、湾岸タワーマンションの本当の価値であり、最も確実な投資戦略なのです。

では、この地域が「住まい」としてもたらす価値とは何か？
次節では、湾岸タワーマンションの暮らしの魅力に迫ります。

第4節　晴海フラッグを含む湾岸タワーが〝暮らし〟にもたらすもの

4-1 都市機能×癒しが創り出すライフスタイル

湾岸タワーマンションの最大の魅力の一つは、「都市機能」と「海辺の癒し」を両立できる点にあります。高層マンションの洗練された暮らし、都心アクセスの利便性、そして東京湾の開放的な景観。この3つが融合した湾岸地域は、他の都心地域では得られない独自のライフスタイルを提供しています。

例えば、こんな日常が思い浮かびます。

- **平日は、都心アクセスを活かして通勤時間を短縮し、効率的なライフスタイルを実現。**
- **休日やリモートワークの日は、湾岸特有の海辺の遊歩道を散策し、自然を感じながらリフレッシュ。**

さらに、豊洲・勝どき・晴海を結ぶ遊歩道やＢＲＴ（バス高速輸送システム）が整備され、将来的には地下鉄計画によって、湾岸地域全体がよりスムーズに行き来できるようになれば、「軽快に都心と海辺を行き来する新しいライフスタイル」が定着するでしょう。

ただの「住宅」ではなく、都市と自然が融合する特別な暮らしの場へ。湾岸タワーマンションは、そんな未来を体現する存在なのです。

4-2 地域社会（コミュニティ）形成の土台

前章で触れた「価格の根幹はコミュニティがつくる」という視点は、大規模タワーマンション群においても極めて重要です。

なぜなら、住戸数が多いほど、管理組合や住民イベントが活発に機能し、自然と交流の場が生まれるからです。

タワーマンションの価値は、立地や設備の豪華さだけでは決まりません。

「そこに住む人々が、どのように街を育てていくのか」

この視点こそが、物件や地域の長期的な価値を押し上げる鍵となります。

では、湾岸タワーマンションにおける地域社会形成を支える要素を見てみましょう。

●共用施設の充実

マンション内に設けられたラウンジやパーティールーム、ワークスペース、キッズルームは、単なる設備以上の役割を果たします。子育てサークル、ペット同好会、趣味のクラブなどが自然発生的に生まれやすい環境が整うことで、住民同士の繋がりが深まり、より温かいコミュニティが形成されていくのです。

●多世代・異文化の共存

湾岸地域には、昔ながらの下町文化が残る築地や月島と、近未来的な湾岸タワーマンション群が共存しています。この融合により、幅広い世代や異文化を受け入れる土壌が自然と形成されていきます。

こうした取り組みが積み重なることで、住む人々の「街への愛着」が育まれ、住民同士の絆が深まると同時に、物件や地域全体の価値が長期的に高まっていくのです。

4-3 〝街全体の成熟度〟こそ投資の鍵

湾岸地域の成長は、単なる物件単体の価値向上ではなく、「街全体の成熟度」が地域の資産価値を押し上げる鍵となっています。では、どのような要素が街の成熟度を高めるのでしょうか？

●大規模開発×再開発の相乗効果

晴海フラッグを中心に進む再開発は、湾岸地域全体のポテンシャルを持続的に拡大させる強力な推進力となっています。単なる住宅開発ではなく、商業施設や公園、インフラ整備が一体となることで、地域全体の利便性が高まり、より多くの人が「ここに住みたい」と思う街へと成長していくのです。

●地域ブランドの共生関係

湾岸地域の各地域、例えば豊海、勝どき、晴海などは、それぞれが競合しつつも、地域ブランドを高め合う共生関係を築いています。どの地域も独自の魅力を持ちながら、それらが湾岸全体のブランド力を押し上げる形で作用しているのです。

湾岸タワーマンションは、これらの複合的な要素を基盤に、「個々の物件価値」と「地域全体の価値」の両方を高める仕組みを備えているのです。

〝住まい〟が繋ぐ地域社会と未来

中央区湾岸地域に広がるタワーマンション群は、単なる高級不動産ではありません。ここは、街が成長し、人が集まり、新しい暮らし方が生まれる場所です。そして、この街の進化は、住む人々のライフスタイルそのものを変えつつあります。

では、なぜ湾岸地域は「未来の暮らしの舞台」となるのか？　この章の締めくくりとして、投資の視点と実需の視点の両面から、その理由を紐解いていきます。

投資の視点：成長し続ける価値がある街

湾岸タワーマンションは、投資対象としても高い魅力を持っています。その理由は、街の進化が資産価値を押し上げるからです。

- **再開発による人口流入** → 新しい住民が増え続けることで、住まいの需要が安定
- **大規模マンションならではの管理体制** → 長期修繕計画と住民自治の成熟が、建物の価値を長く維持
- **交通インフラと都市開発の進化** → 新しい鉄道やバス路線の整備が進み、利便性がさらに向上する可能性

つまり、湾岸地域の不動産は、今だけでなく、未来に向けても価値が伸びる可能性が高い投資対象なのです。

実需の視点：「ここに住みたい」と思わせる街

しかし、投資価値だけではありません。

湾岸地域の本当の強みは、「この街に住みたい」と思う人が増え続けることです。

- **都心と海が共存する、特別なロケーション** → 仕事とプライベートのバランスが取りやすく、暮らしにゆとりが生まれる
- **教育環境の充実** → 新設の小学校や学習施設が整備され、子育て世代にとっても魅力的

●多様な文化と繋がる地域社会→国際的な住民が多く、新しい文化や価値観が生まれる地域

このように、湾岸地域の再開発は、単に建物を増やすだけではありません。そこには、「ここに住みたい」「この街で暮らしたい」と思わせる工夫が詰まっています。

そして、住み続けたいと思う人が増えれば増えるほど、街は成熟し、さらに魅力的な場所へと進化していく。だからこそ、湾岸地域のタワーマンションは、今後も価値を持ち続けるのです。

《第3章を終えて》

本章では、湾岸タワー群の進化と、その価値を支える本当の要因について掘り下げてきました。豊海、勝どき、晴海フラッグ。これらの大規模開発が単なる「建築物」ではなく、「人が集い、価値を生み出す舞台」へと変貌を遂げる過程を見てきたことで、不動産投資の安定性が「地域社会（コミュニティ）」と密接に結びついていることが理解できたのではないでしょうか。

次章では、さらに「暮らし」という視点から、不動産の価値を考えていきます。

この地域の成長がどのように暮らしを豊かにし、ひいては資産としての価値をも高めているのか、一緒に紐解いていきましょう。そこには、あなたの不動産投資や暮らし方にも応用できる、大きなヒントが隠されているはずです。

第4章　価値を生む住環境と地域社会（コミュニティ）

不動産の価値を測る際、多くの人がまず「立地」「価格」「建物の新しさ」に目を向けます。それらは確かに重要な要素ですが、「この家、この街で長く幸せに暮らせるか？」「将来的にも資産価値が維持されるか？」という視点を持ったとき、本当に鍵となるのは何でしょうか。

私はその答えを、「住環境」と「地域社会（コミュニティ）の質」に見出しています。

晴海フラッグがこれほど多くの人々を惹きつける理由の一つは、この「住環境」と「コミュニティづくり」への徹底したこだわりにあります。オリンピック選手村という特別な背景を活かし、大規模な住宅街、商業施設、公園・緑地、公共施設が一体化した設計がなされている。そして、この街全体には、「人が自然に集い、交流を深められる場をつくる」という思想が流れているのです。

本章では、「価値を生む住環境と地域社会」の重要性について深掘りしていきます。具体的には、以下の視点から、晴海フラッグがどのように暮らしの質を高め、持続的な価値を生み出しているのかを明らかにしていきます。

1. 充実した教育環境（小学校の特徴）
2. ららテラスの利便性

3. インターナショナルなコミュニティの魅力
4. イベントで育む住民交流
5. 公園・緑地でのライフスタイル

これらを通じて、晴海フラッグが単なる〝大規模マンション〟を超えた、「人々の暮らしを豊かにし、持続的な価値を生む地域社会」であることを、これから一緒に一つ一つ紐解いていきましょう。

第1節　充実した教育環境（小学校の特徴）

1-1　新しい時代の公立小学校

オリンピック選手村の跡地に新たに誕生した晴海フラッグ。その中に設置された小学校や保育園は、選手村時代のインフラを活用しつつ、現代の教育ニーズに応える先進的な設計が施されています。この施設は、まさに「新しい時代の教育の在り方」を象徴する場所と言えるでしょう。

まず注目すべきは、そのユニバーサルデザインです。エレベーターやスロープの設置、広々とした廊下など、選手村時代の仕様を活かしながら、児童だけでなく高齢者や身体に障がいを持つ人々にも配慮した作りになっています。このバリアフリー設計により、地域全体で活用可能な施設としての柔軟性を持っています。

さらに、省エネ性能も見逃せません。最新技術を取り入れた空調や照明により、エコロジーと快適性を両立させています。これにより、子どもたちは環境への意識を自然と育む環境で学ぶことができるのです。

また、各教室にはＩＣＴ機器を活用した最新の学習設備が整えられています。電子黒板やタブレット端末を取り入れた授業は、子どもたちに21世紀のスキルを身につけさせるだけでなく、学び方そのものの可能性を広げるものです。

テクノロジーを活用することで、個々のペースに合わせた学習が可能になり、子どもたちが主体的に学ぶ環境が整えられています。晴海フラッグの小学校は、まさに「日本の公立小学校の進化」を体現する場となっているのです。

湾岸地域の教育ニーズと中央区の取り組み

中央区の人口推移を見ると、湾岸地域への人口流入は今後も続くと予測されています。それに伴い、児童数も増加し、新たな学校の建設や既存校の拡張が急務となっています。

晴海フラッグの小学校は、このニーズに応える形で「大規模校」として設計されています。その特徴は以下の通りです。

● 特別教室の充実

理科室や家庭科室、音楽室などが充実しており、子どもたちは幅広い学びを通じて興味や知識を深めることができます。

●アスリート精神を感じる共有スペース

体育館や運動場は、オリンピック選手村の施設を活用して設計され、広く開放的な空間となっています。これにより、子どもたちは身体を動かす楽しさを存分に味わうことができ、アスリート精神を身近に感じられるでしょう。

●誰にでも優しい多目的トイレ

バリアフリートイレや多目的トイレが多数設置され、誰もが快適に利用できる施設です。こうした設備の充実は、全ての児童にとって「学びやすい学校」であることを象徴しています。

教育環境が街の未来を支える

充実した教育環境は、住民の生活の質を向上させるだけでなく、街そのものの価値を高める重要な要素です。晴海フラッグでは、「未来を担う子どもたちが育つ場所」として、最適な環境が用意されています。学校を街の中心に配置し、その周囲に公園や商業施設を整備することで、地域全体が子育てを支える環境を形成しています。こうした取り組みが、特にファミリー層からの強い支持を集めているのです。

子どもたちが安心して学び、保護者も安心して生活できる街。学校を中心に据えた街づくりは、単なる住宅街とは異なる、地域社会としての魅力を育んでいます。教育が未来をつくる――その思想が、晴海フラッグにはしっかりと息づいています。

1-2 人工芝の校庭と温水プール

晴海フラッグ内に設置された小学校では、校庭が人工芝であることが大きな特徴となっています。この設計は、子どもたちの健康や安全、さらには街全体の価値向上に寄与するものとして高く評価されています。

1. 雨天後の迅速な利用が可能

人工芝の最大の利点は、雨が降った後でも泥まみれにならず、校庭を速やかに利用できることです。これにより、体育の授業や休み時間の活動が天候に左右されにくくなります。天気を気にせずに子どもたちがのびのびと過ごせる環境は、保護者や教職員にとっても安心材料となるでしょう。

2. 怪我のリスクを軽減

人工芝は柔らかい素材でできており、転倒した際の衝撃を吸収する特性があります。そのため、子どもたちが安心して走り回れる環境が整えられており、怪我のリスクが低減されます。この安全性は、保護者からも高い評価を受けています。

3. 子どもたちの活動量を向上

快適な運動環境は、体育や遊びの時間をより充実させます。人工芝の校庭は土のグラウンドよりも使いやすく、子どもたちの活動量が自然と増えることが期待されています。運動の習慣が身につくことで、子どもたちの健康や発達にも良い影響を与えます。

人工芝の維持には一定のコストがかかりますが、スポーツに適した環境を整備することで、街全体のブランド価値も高まるため、一種の投資になっています。

温水プールと水泳教育の可能性――通年で楽しめる学びと運動

晴海フラッグ内の小学校には、最新設備を備えた温水プールが設置されており、年間を通じて水泳教育が実施可能な環境が整っています。この温水プールの導入は、子どもたちの成長をサポートする画期的な取り組みとして評価されています。

1. 通年での水泳授業が可能

温水プールの導入により、季節を問わず水泳授業が行えます。これにより、基礎的な泳法の習得だけでなく、応用的なマリンスポーツの基礎教育まで多様なカリキュラムを組むことが可能です。水泳が苦手な子どもでも時間をかけてスキルを身につけることができる点も大きなメリットです。

2. 湾岸地域特有の教育

海に近い立地を活かし、水泳教育だけでなく、海洋安全や環境保護に関する学びも充実させることができます。湾岸地域に住む子どもたちが、地域の特性を活かした教育を受けられるのは大きな利点です。

3. 保護者からの高評価

ＰＴＡのアンケートでは、「一年を通じて子どもが泳げる環境がありがたい」「安全な施設で水泳を学ばせられるのが安心」といった声が多数寄せられています。保護者にとっても、子どもたちが安全で快適な環境で学ぶことは非常に重要なポイントです。

温水プールの存在は、教育施設としての利便性を高めるだけでなく、地域全体の住環境の魅力を向上させる重要な役割を果たしています。

このように、人工芝の校庭と温水プールという先進的な設備は、晴海フラッグの教育施設を一歩先を行くものにしています。これらの環境が整備されていることは、子どもたちの成長を支えるだけでなく、地域住民全体の満足度を高め、街の価値をさらに引き上げる重要な要素となっています。

1－3　家庭と地域社会の連携

晴海フラッグは、新興の開発地区でありながら、隣接する月島や勝どきといった「下町の情緒」を色濃く残す地域と結びついています。この独特の立地条件は、単なる住環境以上に、地域社会の形成に多くのメリットをもたらしています。

1．地域行事での連携

晴海フラッグと周辺の下町地域では、地域の祭りやＰＴＡ活動を通じて、昔ながらの文化を守る住民と、新たに移り住んだ多国籍な住民が交流する場が多く設けられています。こうした連携は、地域全体に活気をもたらし、世代や文化を超えた絆を深めるきっかけとなっています。

2．国際感覚の醸成

晴海フラッグには、多国籍な住民が増加しています。この環境は、子どもたちにとって自然に異文化に触れる機会を提供し、学校を「異文化共生の実験場」としています。異なる価値観や文化に触れることは、グローバルな視野を持つ次世代を育てる上で大きな意義があります。

3．文化の相互尊重

昔ながらの人情味あふれる下町文化と、多様な背景を持つ新しい住民との間には、互いの文化を尊重し合う空気が自然と形成されています。この雰囲気は、新旧住民の橋渡し役となり、地域全体の調和を生む重要な要素となっています。

教育こそ〝街の宝〟――晴海フラッグの教育環境が生む価値

私は、不動産価値における「教育環境の充実」が持つ重要性を日々実感しています。「どこで子どもを育てるか」という問いは、多くのファミリー層にとって最大の関心事であり、その答えが街の評判や住民の定着率を左右する鍵となるのです。

晴海フラッグの小学校は、最新の設備と充実した教育環境を備え、「子育て世代にとって理想的な場所」としてのポテンシャルを持っています。

教育インフラが整った街では、住宅の空室リスクが低く、若い世代の流入を促し、地域の活力を維持します。そのため、長期的な資産価値の維持が期待されます。ファミリー層が集まることで、住環境が良好に保たれ、街のブランド価値が高まります。

晴海フラッグの教育環境は、単なる「住まいの魅力」に留まりません。それは、地域全体のブランド価値を高める重要な要素であり、未来を担う子どもたちの成長を支えるものです。この街で育つ子どもたちが、いずれ晴海フラッグの価値そのものを象徴する存在となることでしょう。

第2節　ららテラスの利便性

2-1　〝街づくり〟における商業施設の役割

晴海フラッグのコンセプトは、単なる住宅地ではなく、「住む人が豊かに暮らせる街づくり」にあります。その中核を担うのが、「ららテラス」と呼ばれる商業地域です。この施設は、住民が日常的に必要とする買い物、食事、サービスを「家のすぐそばで完結できる」よう設計されています。

ららテラスは、先行する「ららぽーと豊洲」のネーミングを思わせますが、規模はコンパクトでありながら、「必要なものをギュッと詰め込む」形で計画されています。特に子育て世帯や高齢者が遠出せずに日用品や医療サービスを利用できる点が特徴的です。

日常ニーズを満たすテナント構成

ららテラスでは、スーパーやドラッグストア、雑貨店、クリニック、カフェ、レストランといった多彩なテナントがバランスよく配置されています。この構成により、住民はわざわざ遠くの商業施設へ行くことなく、日常生活を快適に送ることができます。

さらに、晴海フラッグ周辺で急増する世帯数に応じて需要が確実に増えることが予測されており、賑わいが生まれることでさらなるテナント誘致やイベント開催が進むという「好循環」が期待されています。

2-2　大規模ショッピングモールとの違い

晴海フラッグからアクセス可能な大規模商業施設として、豊洲の「ららぽーと豊洲」や有明の「有明ガーデン」があります。これらはレジャーや週末の大型買い物に便利ですが、日常のちょっとした用事を済ませるには少々距離があり、不便さを感じることもあります。

一方、ららテラスは規模こそコンパクトですが、「日常的なニーズを満たす品揃え」を確保しており、住民の暮らしに寄り添う設計がされています。特に、平日や急ぎの買い物にはこの「ちょうどいい規模感」が最適です。

1〜3階の使い分け

都市型商業施設のトレンドに沿い、ららテラスでは1階・2階・3階の利用目的が分けられています。

- **1階**：スーパー、ドラッグストア、クリニックなど、高頻度で利用されるテナントを集約。
- **2階**：グルメ、フード、コワーキングスペースなど、生活に不可欠な施設を集約。
- **3階**：フィットネスジム、英会話教室、ゴルフレッスンなど、習い事やリフレッシュのための施設を配置。

住民はエレベーターやエスカレーターで効率よく移動し、「日常の買い物とライフスタイルの充実」を一度に叶えられる設計となっています。この利便性は口コミでも高く評価され、住民の満足度をさらに高めています。

2-3 街全体が一つの〝生活空間〟に

私が晴海フラッグに魅力を感じる理由の一つは、「生活に必要なものが徒歩圏で完結する安心感」です。都心まで車やタクシーですぐに出られる利便性があるとはいえ、実際の日常生活では、「食料品や薬が切れたときにすぐ買える」といった身近さが何より重要だと考えます。

ららテラスのような商業施設が大規模マンション敷地内に常設されていると、以下のような利点が生まれます。

1. 子育て世帯や高齢者の心理的負担を軽減

遠出をしなくても必要なものが揃うため、外出への心理的ハードルが下がります。

2. 地域経済の活性化

商業施設が賑わうことで、テナント誘致が活発化し、住民が集まりやすい街が形成されます。

3. 地域社会の活性化

住民同士が顔を合わせる機会が増え、街全体の活気やコミュニティ形成が促進されます。

ららテラスは、単なる商業施設ではなく、「街全体を一つの生活空間として機能させる要」として、晴海フラッグの暮らしに欠かせない存在となっています。この施設を活用することで、住民が生活の質を高め、安心して暮らせる街がさらに魅力的になることを確信しています。

第3節　インターナショナルな地域社会の魅力

3-1　外国人居住者の増加と異文化共生

晴海フラッグを含む湾岸地域は、外資系企業で働くビジネスパーソンやＩＴ業界のエンジニアが多く暮らす地域として注目を集めています。リモートワークが普及したことで、「都心から適度に離れた開放感のある住環境」を求める声が強まり、レインボーブリッジや東京湾を望む美しい景観が、外国人居住者からも高い評価を受けています。

晴海フラッグは、「東京の中でもユニークで魅力的な生活地域」としてのポジションを確立しつつあり、仕事と暮らしを両立させたい層から特に支持を集めています。

国際的な子育て環境

外国人居住者の増加により、晴海フラッグでは自然と多言語が飛び交うコミュニティが形成されています。この環境は、日本人家庭にとっても大きなメリットがあります。

親御さんたちからは、「子どもが小学校に入学する前から英語に親しみを持っている。」「国際感覚を自然と身につけられそう。」という声が聞かれます。こうした環境は、子どもの教育を重視する家庭にとって、晴海フラッグを選ぶ重要な理由となっています。

3-2 インターナショナルスクールや多言語サポート

湾岸地域の豊洲、勝どき、月島には、複数のインターナショナルスクールや外国人向けの子育てサポート施設が存在します。これらは湾岸地域に住む外国人居住者のニーズに応える形で発展してきたもので、英語対応のクリニックや保育園など、生活の様々な場面で利用可能です。

晴海フラッグも、この既存の国際的なリソースを活用しつつ、新たに独自の多言語対応サービスを充実させようとしています。住民向けの異文化交流イベントや、英会話教室などが街の中で展開されれば、外国人住民だけでなく日本人住民も気軽に国際交流を楽しむことができるでしょう。

外国人世帯の増加

近年、中央区の湾岸地域における外国人登録数は確実に増加しています。特に、2010年代から2020年代にかけて湾岸地域内の一部物件では、外国人世帯の比率が5～10%に達しているとのデータもあり、日常生活の中で多国籍な住民と自然に顔を合わせる機会が多い環境が整っています。場合によっては外国人購入者が30%を超えるマンションも見受けられています。

こうしたトレンドから、晴海フラッグでは「オリンピックレガシー」という特別な背景が加わることで、さらにインターナショナルな暮らしが根付く可能性が高いと言えます。

3-3 国際交流が街の発想を広げる

私は、「多国籍なコミュニティが形成されることで、新しい文化やビジネスのアイデアが次々と生まれる」と考えています。例えば、以下のような地域レベルでのコラボレーションが活発になれば、街の魅力は飛躍的に高まるでしょう。

- **英会話サークルや多言語での料理教室**
- **各国料理が集まるフードフェスティバル**
- **異文化をテーマにしたワークショップや地域イベント**

国際的な視点を持つ住民が増えることとは、単に街の多様性を広げるだけでなく、「まちづくりそのものをグローバルスタンダードに引き上げる」力を持っています。

晴海フラッグは、これまでの東京のどの街とも異なる「インターナショナルな暮らしが根付いた新しい都市モデル」を提示するポテンシャルを秘めています。この街が持つ可能性を最大限に活かし、世界的にも評価される先進的な街づくりが実現されることを、私は強く期待しています。

第4節　イベントで育む住民交流

4-1 大規模マンションだからこそ可能なイベント

晴海フラッグでは、まちびらきの準備段階から、住民同士が顔を合わせ、繋がりを築けるイベントが積極的に企画されています。これらの催しは、参加者が「自然に」打ち解けられる仕掛けを持ち、日々の暮らしに喜びを与えるだけでなく、地域社会の基盤を築く役割を果たしています。

具体的なイベントを見てみましょう。

● **松ぼっくりミニツリーイベント**では、家族連れを中心に一足早いクリスマスを味わえるイベントです。松ぼっくりツリーを作るとでひと味変わった楽しみ方を味わえるイベントで子どもたちの笑顔が溢れる催しとなりました。

● **FLAGトークカフェ**は、HARUMI FLAG CLUB事務局が主催するイベントで、日頃会わない住民との交流を通して、知り合いを増やしてもらう趣旨で行われ、好評のため何度も実施されているイベントです。

こうしたイベントは、住民同士が気軽に交流し、繋がりを深められる工夫に満ちています。

SNSとアプリが広げる「新しい繋がり」

現代の街づくりに欠かせないのが、デジタル技術の活用です。晴海フラッグでは、SNSを使った情報共有が、住民間のコミュニケーションを活性化しています。特に「#晴海フラッグ」のハッシュタグを使った投稿は、街の日常を共有し、魅力を発信する重要な役割を果たしています。

住民が発信する具体的な内容を見てみると、その多様性に驚かされます。

「子どもが公園で多国籍の友達と遊んでいます」

「今日の夕焼けが素晴らしかった」

これらの投稿は、単なる情報共有を超えて、新しい繋がりを生み出し、街の魅力を内外に広める力となっているように感じます。

4-2　大人も子どもも参加できる交流の場

地域イベントとコラボ

晴海フラッグの住民コミュニティは、月島や勝どきなどの下町地域と積極的に連携し、地域イベントとコラボレーションを行っています。この取り組みは、新旧住民が自然に繋がる場を提供し、「下町の人情味」と「湾岸地域の新しさ」が融合した独自の文化を形成しています。

例えば、

● **夏祭り**

下町の伝統である神輿担ぎに、湾岸地域ならではの夜景を楽しむ演出を加えたイベントが開催されました。この新旧の文化が織り交ぜられた夏祭りは、多世代が楽しめる場として高い評価を得ています。

● **フードフェス**

各国料理や地元の特産品をテーマにしたイベントが定期的に行われています。住民は異文化の味を楽しむだけでなく、地元の特産品に触れることで地域への理解や愛着を深めています。

こうした活動を通じて、晴海フラッグは地域全体との共存を図りながら、新しい文化を生み出しているのです。

子育てサークルと学童支援

大規模マンションには子育て世帯が多いため、自然と「子育てサークル」や「学童支援」の仕組みが発展します。晴海フラッグでも、以下のようなイベントが注目されています。

● **出産・育児でつながるコミュニティを作ろうトークイベント**

ＨＦＣ事務局主催で開催。晴海保健センターによる子育て支援情報の提供および子育て相談会も同時開催。

こうしたイベントは、お父さんやお母さんを始め子どもたちにも学校では得られない学びをつながりを提供し、長期的な競争力のある社交的な人材育成にも繋がると期待されています。

4-3 地域社会（コミュニティ）が価値を高める

私は、不動産の価値は単なる「建物」や「立地」だけで決まるものではなく、その街に住む人々がどれだけその街を愛し、楽しむかが、価値を大きく左右すると私は考えています。晴海フラッグは、まさにその点において特筆すべき取り組みを展開し、街の価値を高めていると感じます。

●住民主導のイベント――街を活性化させる原動力

晴海フラッグでは、デベロッパーや自治体の主導に留まらず、住民自身がアイデアを出し、イベントを運営しています。住民一人ひとりが街づくりの主体となることで、街全体が活気に満ちています。

●コミュニティ形成の仕掛け――情報が繋がりを生む

晴海フラッグの大規模マンションという特性を活かし、SNSや専用アプリ※を通じた情報共有が活発に行われています。これにより、住民同士が簡単に情報を交換し、街の催しや日常の魅力を共有する環境が整っています。

※現在はシェアプレイスHARUMI FLAG居住者限定

● **資産価値への影響——愛着が生む持続的な価値**

住民の愛着や交流が街の魅力を持続的に高めることで、不動産の資産価値にも良い影響を与えています。住民が街の魅力を積極的に発信することで、「住みたい」と思う人々が増え、需要が安定します。この安定した需要が、結果的に不動産価格の安定や上昇をもたらします。

晴海フラッグは、単なる居住地ではなく、住民がコミュニティの力で街そのものを成長させるモデルケースを示しています。このような取り組みが全国の街づくりに与える影響は計り知れないものがあります。

その先進的な取り組みが、東京の未来の街づくりにどのような影響を与えるのか——私はその行方に大いに期待しています。

第5節　公園・緑地でのライフスタイル

5-1　都会における〝自然〟の価値

晴海フラッグは東京湾に面しており、住民は大きな道路を越えればすぐに海辺の公園や遊歩道にアクセスできます。レインボーブリッジや対岸の豊洲・お台場方面を望む夜景の美しさ、そして水辺の開放感が住民にストレスを軽減する効果を与えています。

特にコロナ禍以降、密を避けながら屋外で楽しめる環境が見直されており、ジョギング、犬の散歩、のんびりとした散策を日常的に楽しむ住民が増加中です。このような環境は、都心部のマンションではなかなか得難い、晴海フラッグならではの特権と言えるでしょう。

緑地と公園の配置計画

晴海フラッグの計画段階から、「広大な敷地をどのように公園や緑地スペースに割り当てるか」が重視されてきました。現在、以下のような取り組みが行われています。

- **晴海ふ頭公園の拡張・整備**：海辺の自然を活かし、ピクニックやイベントが楽しめるスペースを充実。
- **街区内の緑地と遊歩道**：各地域に小規模公園や植栽を設け、住民が日常的に自然と触れ合える設計。

晴海フラッグでは、全体の緑化率が40％以上を目指しており、各街区ごとにシンボルツリーを設定するなど、地域の特性を活かした植栽計画が進められています。今後もさらなる景観向上が期待されています。

5-2　ペットとの生活や屋外アクティビティ

晴海フラッグでは、ペットと共に快適に暮らせる環境が整えられています。ペットを飼う住民に配慮した街づくりは、ペットオーナーの満足度を高めるだけでなく、街全体の雰囲気を和やかにし、人と人との繋がりを強める重要な役割を果たしています。

例えば、マンション棟にはペット専用の洗い場が設置されており、散歩の後にそのまま足を洗える利便性が人気です。雨の日や泥だらけになった日も、住まいを汚さずに済むこの設備は、多くのペットオーナーから高い評価を得ています。

また、街のあちこちに設けられたペット連れで利用できる休憩スペースは、住民同士が自然と交流できる場としても機能しています。ペットを介して新しい人間関係が生まれるこの環境は、単なる設備を超えた価値を提供していると言えるでしょう。

屋外アクティビティの広がり

晴海フラッグは、東京湾に面した立地を活かし、都市生活とリゾート気分を両立する街づくりを進めています。ここでは、住民が休日に自然を感じながらアクティビティを楽しむ光景が日常の一部となっています。

例えば、晴海ふ頭公園や遊歩道では、家族や友人とバーベキューを楽しむ姿が見られます。広々とした海辺の空間は、リラックスした時間を過ごすのに最適であり、多くの住民に愛されています。

さらに、マラソン大会やサイクリングイベントなど、都市と自然が融合したアクティビティが定期的に開催されています。これらのイベントは住民同士の繋がりを深めるだけでなく、街全体に活気をもたらし、住むことの楽しさを実感させる大きな役割を果たしています。

5-3 自然が生み出す〝余裕〟と〝コミュニケーション〟

私は、〝都市生活〟が必ずしもコンクリートジャングルである必要はないと考えています。むしろ、人口集中が進む大都市だからこそ、「緑地や水辺がもたらす癒しと余裕」が必要不可欠なのです。

晴海フラッグは、オリンピック選手村の設計思想を継承し、東京湾という立地を最大限に活かして、都市と自然が融合した「都会のオアシス」を体現し、この街に広がる緑地や水辺は、住民の日々の生活に自然が生み出す大きな価値を3つにもたらしてくれます。

1. **緑地や水辺の環境は住民に「心の余裕」を提供します。**ストレスを和らげ、リラックスした時間を過ごせるこの環境は、現代の忙しい都市生活において貴重な癒しの場となっています。
2. **自然を取り入れた街は地域社会を強く結びつけます。**公園や遊歩道での自然な交流が、住民同士の繋がりを深め、街全体を活気あるものにしています。
3. **このような自然との共生は街の「不動産価値」を支えます。**自然に囲まれた環境は、住民の満足度を高め、「ここに住みたい」と感じる人々を引き寄せます。その結果、不動産の価値が持続的に向上するのです。

晴海フラッグが描き出すのは、単なる都市開発を超えた、新しい価値の創造です。「自然との共生」を通じて、住民一人ひとりの暮らしに豊かさをもたらすこの街は、未来の都市生活のモデルケースとして注目されるでしょう。

第6節　住環境と地域社会がもたらす〝価値〟の本質

本章で触れた以下の要素は、全てが相互に作用し合い、「晴海フラッグ」が単なる高層マンションの集合体ではなく、「人々が暮らしを楽しみ、支え合い、豊かな地域社会を築く」ための舞台であることを示しています。

- **充実した教育環境（小学校の特徴）**
- **ららテラスの利便性**
- **インターナショナルな地域社会の魅力**
- **イベントで育む住民交流**
- **公園・緑地でのライフスタイル**

これらが統合された晴海フラッグは、単なる都市開発を超えた、「暮らしの価値そのものを生む街」と言えます。

この章のまとめとして、この晴海フラッグを見る上で、私が特に重要と感じている内容を３つご紹介いたします。

1　街が作る〝ライフスタイル〟と〝投資価値〟

私の経験から、〝コミュニティがしっかりと機能する街〟は長期的に見ても価値が下がりにくいと確信しています。住民交流が活発で、教育施設が整備され、異文化的な視点を受け入れる柔軟性がある街は、人々にとって「住みたい街」として魅力を持ち続けます。そして、それが不動産需要を支え、資産価値の安定に繋がるのです。

ハード面だけが豪華な開発地区は、コミュニティが育たなければ一時的に価格が上昇しても、やがて〝無機質な街〟に陥ることがあります。晴海フラッグの場合、オリンピックのレガシーを活かしつつ、住民が自発的に街を作り上げている点が、将来的な発展と価値維持の強い基盤になると感じます。

2　未来を担う子どもたちと、多様な世代の共存

晴海フラッグでは、充実した教育環境と異文化共生の地域社会が、子どもたちに〝新しい時代の生き方〟を示す場となっています。国際的な視点や異文化との接点を持ちながら成長できる環境は、次世代を

育む貴重な資産です。

また、ファミリー世代だけでなく、高齢者向け施設も計画されており、全ての世代が快適に暮らせる街としてのバリアフリー設計が進められています。こうした多世代共存型の街づくりは、投資家にとっても大きな魅力です。様々なライフステージの住民が集まり、「賃貸・購入需要の幅広さ」が資産価値を安定させる要因となるでしょう。

3 〝未来の東京〟が目指す姿

晴海フラッグを通じて、私は〝未来の東京〟が目指す姿を強く感じます。オリンピック選手村という特別な背景を持ちながら、住む人々が地域社会を育て、街を作り上げる過程――これこそが、現代の都市開発が目指すべき理想像です。

《第4章を終えて》

晴海フラッグは、不動産投資の観点からも実需の観点からも、極めて優れた要素を持っています。しかし、それ以上に重要なのは、街が持つ「生きた価値」を感じることです。この街に足を運び、人々の暮らしの中に息づく地域社会（コミュニティ）の温かさを感じることが、真の魅力を知る第一歩となるでしょう。

その魅力を最大限に感じるためにも、次章では晴海フラッグの未来展望について紹介いたします！

第5章　晴海地域の未来展望

東京の不動産市場といえば、かつては「山の手地域」がその中心に位置していました。しかし、時代の変化とともに〝西から東へ〟という新たな潮流が鮮明になりつつあります。この流れは、都心回帰の傾向と湾岸地域の再開発が融合することで、一層加速しています。その象徴的な存在が「晴海フラッグ」です。オリンピック・パラリンピックという一大イベントを経て、多くの人々がこの地域の可能性に注目し始めました。それまでの湾岸地域のイメージは、「一部の投資家や富裕層が注目する特異な市場」だったかもしれません。しかし現在、晴海フラッグを中心にしたまちづくりの構想は、湾岸地域を東京全体の未来を語るうえで欠かせない存在へと押し上げています。

本章では、この地域が持つ潜在的な魅力と、これからどのように発展していくのかを深く掘り下げます。例えば、２０２４年5月のまちびらき、湾岸地下鉄構想やＢＲＴ（バス高速輸送システム）の本格展開といった晴海フラッグ周辺の利便性についてなど、色々な見所があるのです。また、オリンピックレガシーを最大限に活用した持続可能なまちづくりも、未来の東京を彩る重要なテーマとなっています。

晴海地域の未来を考えることは、単に不動産価値の観点に留まりません。それは、これからの東京がどのように進化し、人々の暮らしや働き方をどう変えていくのかを予測する試みでもあります。完成されていないからこそ秘めている無限の可能性に、皆さんもきっと心を動かされることでしょう。
さあ、この未来を一緒に探っていきましょう。

第1節　2024年5月のまちびらき計画

1-1　まちびらきが意味するもの――晴海フラッグの第二幕

晴海フラッグは、オリンピック・パラリンピックの選手村として活用された施設を基盤に、広範な再整備を経て誕生した〝新しい街〟です。すでに一部の分譲・賃貸棟では入居が始まり、商業施設や公共施設も順次オープンしていますが、「2024年5月のまちびらき」は、晴海フラッグが本格的に機能し始めた象徴的な瞬間となりました。この催しは、単なる居住空間としての街の始まりではなく、地域全体が一つのコミュニティとしてスタートを切る重要な節目でした。

計画当初から、オリンピック終了後に住民が入居を開始することは想定されていました。しかし、コロナ禍や街づくり全体のスケールアップに伴う調整が重なり、最終的に「まちびらき」という形で街の〝真の始動〟を迎えることとなったのです。この催しは単なる式典ではなく、湾岸地域全体の未来を映し出す、新たな都市の在り方を示す一歩ともいえるでしょう。

イベントの狙いと期待

まちびらきでは、多くの住民や来訪者が参加できる多彩な催しが開催されました。その内容は、「晴海フラッグという街の魅力を体感できるもの」ばかり。具体的には、以下のようなイベントが行われました。

- **マルシェやフードフェスなどの屋外イベント**
- **地域の子どもたちによるパフォーマンスやスポーツ大会**
- **国際文化交流をテーマにしたワークショップ**
- **オリンピアンやパラリンピアンを招いたトークセッション**

これらの催しは、晴海フラッグの持つ「コミュニティの力」を広く発信し、地域内外の人々が交流を深める機会となりました。単なる〝大型マンション群〟ではなく、多世代・異文化が交わる未来型の街区としての可能性を示す場となったのです。

まちびらきを経て、街には新たな賑わいが生まれ、住民同士の繋がりが芽生え始めました。しかし、これは始まりに過ぎません。ここから先、どのように街が進化し、どのような文化が根付いていくのか――そのプロセスこそが、晴海フラッグの本当の魅力を形作っていくのです。

1-2　街全体の完成度を高める取り組み

まちびらきに向けて、デベロッパーと行政は街全体の完成度を高めるための様々な施策を進めてきました。晴海フラッグは、単に住宅が立ち並ぶだけではなく、都市機能がバランスよく融合した〝新しい生活空間〟を目指しています。そのために、次のような取り組みが行われています。

● **道路・歩行者空間の最終整備**

道路の改修、歩道の拡幅、景観を考慮した街路樹の植え替え、夜間照明のデザインの改善などが行われ、住民が安全かつ快適に移動できる環境が整えられています。

● **防災・防犯対策**

災害時に備えた避難ルートや備蓄倉庫の整備、さらに防犯カメラネットワークの拡張など、安全性を高める施策が導入されています。

● **公共施設の拠点化**

教育施設、コミュニティセンター、区民サービス窓口などの公共機能が街区内に集約され、住民が役所まで行かずとも日常生活に必要な行政サービスを受けられる体制が目指されています。

2023年時点で、いくつかのデベロッパーから公開されている資料によれば、分譲棟の入居率はすでに80～90％に達しているといわれます。一部の棟では抽選倍率が非常に高く、中古市場に出る物件も少ない状況です。このことから、晴海フラッグの需要は供給を大きく上回っていると考えられます。

さらにまちびらき以降、商業区画や公共サービスが充実することで、生活の利便性が一層向上し、空室リスクはさらに低下すると予測されています。

1-3 まだまだ「序章」にすぎない

特に私が強調したいのは、晴海フラッグは「五輪後に完成した街」ではなく、「これから進化していく街」だという点です。

確かに建物や基本的インフラは整っていますが、真の魅力はこれから住民と地域が協力して作り上げる地域社会にこそあります。まちびらきという節目を迎えたことで、街の本当の可能性が大きく開かれる――この〝未完成〟ゆえのワクワク感こそ、投資家にも実需層にも魅力的に映るのではないでしょうか。

第2節　湾岸地下鉄構想とBRTの展開

2-1 湾岸地下鉄構想の概要

湾岸地域の未来を考える際、必ず話題に上がるのが「湾岸地下鉄構想」です。この計画は、有明・豊洲・晴海などの湾岸地域を結びつつ、都心部へのアクセスを大幅に向上させる新路線の敷設を目指しています。東京都と関連機関が検討を続けているこの構想は、具体的なルートや予算こそ未確定ながら、実現すれば東京の交通インフラを大きく再編し、都市生活に新たな利便性をもたらす可能性を秘めています。

晴海が中心的な結節点になる可能性

計画案の中では、晴海が都心との重要な結節点になることが想定されています。もし地下鉄駅が晴海フラッグの近隣に開設されれば、〝駅徒歩圏〟という要素が加わり、晴海地域全体の魅力が飛躍的に向上します。これにより、従来車やバスでの移動が中心だった住民の暮らしが劇的に変化し、通勤や買い物の利便性が大幅に高まるでしょう。

ただし、計画の実現には多額の予算や長い期間が必要であり、政治的・経済的なハードルも少なくありません。それでもなお、多くの人がこの構想に期待を寄せるのは、湾岸地域が持つ圧倒的なポテンシャルに他ならないのです。

2-2　BRT（バス高速輸送システム）の実情

地下鉄構想に比べて低コスト・短期間で導入可能な交通手段として注目されるのが、ＢＲＴ（バス高速輸送システム）です。専用レーンを走行することで定時運行を実現し、移動速度を向上させるこのシステムは、すでに新橋・虎ノ門と勝どき・豊洲を結ぶルートの一部で運行が開始されています。

晴海フラッグ周辺でもＢＲＴ路線の整備計画が進行中で、開業後には電車がなくても都心へのスムーズな移動が可能となる見込みです。このシステムは駅徒歩圏外の居住者にとって強力な移動手段となり、住民の交通手段を多様化させる役割を果たします。

BRT利用者数の推移

ＢＲＴの整備により、新橋〜豊洲間のルートではラッシュ時を中心に交通不便地域の人口が減少しています。特に、新橋駅までの所要時間が短縮されていることから、ＢＲＴには一定の効果が出ていることがデータから示唆されているのです。アンケート調査やＳＮＳの投稿では「タワーマンションの増加により利用者が増えている」「地下鉄やＪＲの駅まで歩くよりも、ＢＲＴで新橋に出た方が楽だからすごくいい」といった肯定的な意見が多く寄せられています。晴海フラッグ周辺までＢＲＴのルートが延伸されれば、車やタクシーを使わずに快適に移動できる選択肢が増え、さらなる人口増加や地域の活性化に繋がると期待されます。

2-3　駅近至上主義の崩壊と新交通の時代

長い間、東京の不動産市場では「駅徒歩何分」が物件の価値を大きく左右する要因でした。しかし、コロナ禍やリモートワークの普及、さらにＢＲＴや湾岸地下鉄構想といった新しい交通手段の導入が、この常識を徐々に変えつつあります。晴海フラッグはその象徴的な事例です。

車やタクシー、バス、ＢＲＴ、そして将来的には地下鉄網が整備されれば、これまで「駅近至上主義」とされてきた基準は再定義されるでしょう。この変化は、〝西から東へ〟という都市の潮流をさらに強化し、湾岸地域を東京の新しい中心地の一角へ押し上げる鍵となるはずです。

このように、新しい交通インフラがもたらす価値の変化は、晴海地域の未来を予測するうえで欠かせない視点となるのです。湾岸地域の可能性を信じる読者の皆さんには、この新たな時代の兆しをぜひ感じ取っていただきたいと思います。

第3節　地域価値上昇のポテンシャル

3-1　国際イベントと観光需要

コロナ禍が落ち着きを見せ、訪日外国人観光客（インバウンド）の流入が回復傾向にある今、東京全体が再び活気を取り戻しつつあります。その中でも湾岸地域は、国際的な知名度を持つ東京ビッグサイトやお台場といった観光スポットを抱え、さらに国際客船の寄港地として期待される晴海ふ頭を擁するなど、観光需要のポテンシャルを秘めています。

晴海フラッグを中心とした新たなまちづくりが進むことで、観光客向けのレジャー施設やショッピングモールなどの開発が促進される可能性があります。これにより、湾岸地域は観光地としてだけでなく、国際的な文化交流の拠点としての役割も強化されるでしょう。

国際会議・MICE需要

東京のMICE（Meeting, Incentive, Convention, Exhibition）需要を支える主要地域である東京ビッグサイトや臨海副都心に加え、晴海周辺も将来的にはその一翼を担える可能性を秘めています。湾岸地下鉄やBRTの整備が進めば、都心部から晴海への移動が快適になり、国際会議や展示会の誘致も現実味を帯びてきます。特にBRTが既存の交通網と連携することで、大会や催しへの参加者増加が期待され、湾岸地域全体の価値がさらに高まるでしょう。

3-2 大規模開発の連鎖

湾岸地域全体では、晴海フラッグだけでなく豊洲、有明といった地域でも大規模なマンション計画が進行中です。また、勝どきや月島では駅前再開発や超高層ビルの建設が活発に行われています。これらのプロジェクトが互いに連携し、まるで一体化するかのように〝水辺の新都心〟を形成する動きが顕著です。

このような大規模開発の連鎖は、人口増加と消費拡大をもたらし、商業施設や文化施設の充実を促進します。その結果、住環境がさらに向上し、街の成熟が加速します。晴海フラッグはこの連鎖の中核に位置しており、湾岸地域の〝街づくりモデルケース〟として全国的な注目を集める存在となりつつあります。

湾岸地域全体が〝未完のポテンシャル〟

湾岸地域の未来を語るとき、私が最も強調したいのは「未完のポテンシャル」です。すでに豊洲や有明は一定の発展を遂げていますが、晴海フラッグのまちびらきをきっかけに、この地域全体が新たな高みへと進化する可能性を秘めています。

都市機能の効率性とリゾート地のような開放感を兼ね備える21世紀の都市構想において、湾岸地域は次なる東京の成長を担う主役になるでしょう。この地域は、交通、商業、観光、そして住環境の全ての面で、未来の東京のあるべき姿を示しているのです。読者の皆さんにも、この未完のポテンシャルを一緒に見つめ、未来への期待を膨らませていただければと思います。

第4節　オリンピックレガシーの活用

4－1　選手村跡地の有効活用

オリンピック開催都市が抱える共通の課題に、「選手村や競技施設の跡地利用」があります。多くの事例では、選手村がゴーストタウン化したり、競技施設が維持できず廃墟となったりすることも珍しくありません。しかし、晴海フラッグはこれを回避し、選手村を大規模マンションと地域社会施設に転用する〝持続可能なモデル〟として世界的な注目を集めています。

都市計画の専門家は、五輪レガシーを成功裏に残すためには、「住民の参加」と「経済的持続性」が重要だと指摘しています。晴海フラッグでは、すでに高い入居率と商業施設の稼働率を達成しており、投資需要と実需の双方で良好な結果を示しています。この実績は、東京の湾岸地域全体の都市計画を推進するうえで重要なロールモデルとなり得るでしょう。

レガシーを文化や教育に転用

晴海フラッグ内の街区には、オリンピックで使用された広場や練習室を活用して、文化イベントやスポーツ教室が開催されています。これにより、地域住民や子どもたちがオリンピックの歴史を体感できる機会が生まれています。「世界のトップアスリートが過ごした場所」でスポーツを楽しむことで、未来のアスリートや国際的リーダーを目指す夢が育まれる場となる可能性も広がっています。

4-2　観光資源としてのオリンピックストーリー

晴海フラッグには、「かつて選手村だった」という事実が付加価値として備わっています。そこには、選手たちが過ごした日々や、国際色豊かなドラマが数多く詰まっています。このストーリーを観光資源として活用し、地域ブランディングを行うことで、国内外からの訪問者を呼び込み、地域経済を活性化させる可能性があります。

ヨーロッパには、オリンピック後の施設を博物館化したり、メモリアルツアーを実施したりして、数十年にわたり観光客を惹きつけている事例が多く存在します。晴海フラッグでも、こうしたレガシー関連の常設展示やツアーが整備されれば、湾岸地域を代表する観光スポットとして成長することが期待されます。

SNSと国際交流

現代はSNSを通じて情報が瞬時に拡散される時代です。海外からの観光客や在住外国人が、自発的に晴海フラッグの魅力を発信することで、街の知名度がさらに向上する可能性があります。InstagramやYouTubeで「湾岸ライフ」の写真や動画が増えれば、晴海フラッグは〝オリンピックレガシーの街〟として世界的に認知されるでしょう。

4-3　レガシーは〝人が活かす〟もの

オリンピックレガシーは、単に施設が残るだけでは意味がありません。その価値は、そこに住む人々と訪れる人々が、交流し、学び合い、街を育てることで初めて形になります。晴海フラッグは、世界的スポーツイベントの跡地という希少な資源を活かし、人々が新たな地域社会を築く〝実験都市〟としての役割を果たせると、私は確信しています。

レガシーを活用するには、住民、投資家、行政、デベロッパーなど、多様なステークホルダーの協力が不可欠です。この取り組みが上手く噛み合えば、晴海フラッグは「歴史に残る成功例」として、都市計画史に刻まれることでしょう。この街が描く未来が、私たちの暮らしにどのような希望をもたらすのか――

その答えは、ここに集う全ての人々の手にかかっているのです。

第5節　未来を切り拓く「晴海フラッグ」の挑戦

晴海フラッグが描く未来。それは単なる一つの不動産プロジェクトに留まらず、東京の都市開発が次のステージへと進化する象徴でもあります。これまで見てきたように、この街が持つ可能性は、以下のポイントを軸に大きく広がっています。

- **2024年5月のまちびらきによる街の本格始動**
- **交通インフラの進化によるアクセス向上**
- **湾岸地域全体の再開発との連動**
- **オリンピックレガシーを活用した新しい街づくり**

これらの要素が組み合わさることで、晴海フラッグはただの居住地ではなく、未来の都市モデルとしての価値を持つ存在へと成長しています。

投資家と実需層が見据える「長期的な安心感」

未来の都市モデルとしての価値を持つ存在へと成長するためには、「前向きな変化」が必要不可欠な要素となっています。ただ、東京という大都市において、既存の街の構造が大きく変わることは珍しいものです。

しかし、湾岸地域は例外的に、大都市の一部であるにもかかわらず、変化に前向きな地域なのです。再開発の進展やインフラ整備の拡充といった追い風を受け、晴海フラッグを中心に、この地域には長期的な可能性が広がっています。

投資家にとっての魅力

湾岸地域は、キャピタルゲイン（資産価値の上昇）とインカムゲイン（賃貸収益）の両方が期待できる環境を提供しています。

- **地価の安定した上昇**
- **高い賃貸需要による安定収益**

● 都心へのアクセスの良さとブランド力

この地域では、単なる短期的な利回りを追求するのではなく、長期的に資産を持ち続ける安心感を伴う運用が可能です。

実需層にとっての利点

晴海フラッグは、未来のリセールバリューが期待できる住まいであるだけでなく、そこで暮らす人々が共に成長できる豊かな地域社会を提供します。

● 住むだけでなく、育む・築く・安心して暮らせる仕組みがある

● 教育環境や子育て支援が充実し、ファミリー層に最適

● 住民同士の交流を促進する設計により、新しいコミュニティが生まれる

この「単なる住む場所を超えた価値」こそが、実需層にとって最大の魅力となっています。このような魅力の影響もあり、東京の都市構造は、大きな転換期を迎えています。

東京の地図を塗り替える「湾岸地域」の可能性

これまで西部が中心とされてきた流れが、東部へとシフトしつつあり、湾岸地域が新たな都市機能を担うようになっています。その象徴が、まさにこの晴海フラッグです。このプロジェクトは、湾岸地域全体

の発展を牽引する存在となっています。

中央区や江東区を含む湾岸地域では、地価が堅調に上昇しており、これは地域全体が東京のさらなる発展に向かっていることを示しています。

- **再開発が進むことで、地域全体の資産価値が上昇**
- **新しい商業施設や公共施設の整備により、生活利便性が向上**
- **人口流入が増加し、新たなライフスタイルの中心地としての地位を確立**

これまで東京の発展を牽引してきた西地域に対し、湾岸地域は新時代の「東京らしさ」を形作る地域として確実にその存在感を増しています。

《第5章を終えて》

不動産投資において、最も重要なのは「数字」だけではありません。街が描く未来、その場所に集う人々の想い、そしてそこから生まれる新しい物語こそが、本当の価値を生み出します。晴海フラッグは、単なる不動産プロジェクトではなく、東京の未来を形作る挑戦そのものです。この街の発展を見届けるだけでなく、その成長に自分自身が関わっているという感覚。「未来の一部になる」という体験こそが、不動産投資を特別なものへと変える鍵なのかもしれません。

未来はすでに動き出しています。そして、その未来を形作るのは、あなたの選択です。

では、これからの東京はどのように変化し、どの地域が新たな価値を生み出していくのか？　次の章では、この本の締めくくりとして、「東京の不動産価値のシフト」に焦点を当て、湾岸地域の台頭がどのように都市の勢力図を塗り替えていくのかを紐解いていきます。

ぜひ一緒に、未来の東京を見据えながら、その変化を先取りする旅へと進んでいきましょう。

第6章　西から東へ―変わる東京の不動産価値

長らく「東京の高級住宅街」といえば、世田谷区の田園調布や渋谷区の松濤といった〝西地域〟がその代名詞とされてきました。昭和から平成初期にかけては、〝西＝富裕層の地域〟という固定観念が揺るぎないものでした。しかし、時代の変化と共にその構図は大きく変わりつつあります。

東京の不動産価値は、時代の流れとともに大きく変化してきました。平成後期から令和にかけて、その変化はますます加速し、〝西から東へ〟という潮流が明確になっています。かつての「山の手」地域が絶対的な人気を誇っていた時代から、湾岸地域や下町地域が脚光を浴びる時代へとシフトしているのです。

なぜこの変化が起こったのか？

どんな要素が、不動産価値の地図を塗り替えているのか？

本章では、その背景や要因をひも解きながら、〝湾岸地域がなぜ注目されているのか〟〝価格とアクセスの新しい基準とは？〟〝東地域の将来性〟そして〝不動産投資戦略の総まとめ〟について掘り下げていきます。

第1節　高級住宅街の歴史の変遷

1-1　昭和・平成期の「西地域」中心主義

昭和から平成前期にかけて、日本における富裕層が憧れる住宅街といえば、まず挙げられるのが以下の地域です。

- **田園調布（大田区）**
- **成城学園前（世田谷区）**
- **吉祥寺（武蔵野市）**

これらの地域は、広々とした邸宅と庭、そして閑静な住環境が特徴で、著名人や企業オーナーたちの住まいとしても名を馳せていました。緑豊かな環境や、静けさを重視する文化が〝理想の住環境〟とされ、多くの人々がこの地域での暮らしを夢見たのです。

当時、こうした〝山の手地域〟には、いくつかの共通点が見られました。

- **駅から遠くても問題ない**：車社会が一般化し、〝駅近〟よりも広い敷地と庭を重視する傾向が強かった。
- **私鉄沿線の利便性**：小田急線や東急線といった私鉄の発展に伴い、都心と郊外を結ぶアクセスが確立されていた。

● **ステータスの象徴**：これらの地域に住むこと自体が、富裕層としての地位を示す一つのアイコンとなっていた。

では、なぜ〝西地域〟がこれほどまでに富裕層に選ばれたのでしょうか？

西地域が好まれた3つの理由

〝西地域〟が富裕層に選ばれた背景には、以下の要因が挙げられます。

1. **地形的優位性**
東京の西側は標高が比較的高く、洪水や津波のリスクが低い地域が多いとされてきました。この地形的な安全性が、富裕層からの信頼を得る大きな要因となりました。

2. **歴史的背景**
戦前からの別荘地開発や学園都市構想により、西地域は早くからインフラ整備が進みました。これにより、住環境の良さが評価され、自然と富裕層が集まりやすい場所となったのです。

3. **都市機能と自然の融合**
西地域は都心からのアクセスが良いだけでなく、緑豊かな自然が身近に感じられる環境でもありました。この〝都市と自然のバランス〟が、特にファミリー層や高所得者に支持される要因となりました。

しかし時代が進むにつれ、都市生活者の価値観は大きく変化しました。かつてのように〝広い敷地〟や〝駅からの距離〟にこだわる人が減り、多様なライフスタイルが生まれたのです。

湾岸地域や下町地域の台頭は、東京における不動産価値の地図を塗り替える大きな変革を意味しています。では、具体的に東地域はどのように台頭してきたのでしょうか。

1-2 平成後期から顕在化した「東地域」へのシフト

平成に入ると、日本の都市構造は大きな転換期を迎えます。それは、〝郊外から都心回帰〟という新たな動きの始まりでした。特に東京23区では、再開発による住環境の整備が進み、**職住近接**を重視する層が都心近辺に移り住む傾向が顕著になります。

この背景には、以下の要因が絡み合っています。

1. 山の手地域の地価高騰

バブル期の地価高騰の余波で、山の手地域は既に高止まりしており、新たな価値創造が難しくなっていました。

2. 東地域の〝伸びしろ〟

一方で、東地域（下町や湾岸地区）は再開発余地が大きく、地価の上昇余地が残されていました。

これが、投資家や実需層にとって新たな魅力となったのです。

3. 人口動態の変化

都心近辺への人口流入が増えたことで、特に若い世代や共働き世帯を中心に、アクセスの良い東地域への移住が進みました。

交通インフラの整備が生んだ可能性

そして、東地域への再評価を決定づけたのは、交通インフラの大幅な整備です。

● つくばエクスプレスの開業（2005年）

秋葉原から北千住、さらにつくば方面へのアクセスが飛躍的に向上。これにより、北千住や南千住といった下町地域が「都心から近く、価格も手頃」という理由で注目されるようになりました。

● 湾岸地域の交通網拡充

湾岸地域では、以下のインフラ整備が地域の利便性を劇的に高めました

- **ゆりかもめ**：お台場や有明地域へのアクセスを向上。
- **りんかい線**：東京湾岸を一気に結ぶ新たな動脈。
- **首都高・高速道路の整備**：車社会を含む多様な移動手段が確保されました。

これらのインフラ整備によって、湾岸地域や下町地域が〝職住近接〟という新しい価値観に適した地域

へと変貌を遂げたのです。

ここで、これらの地域の可能性を深掘りする前に、この変貌から導かれる一つの重要な考えをお伝えする必要があります。

1-3　不動産のブランドは永遠ではない

不動産業界に長年携わる中で、私は「不動産ブランド」が持つ儚さを何度も目の当たりにしてきました。

確かに、山の手地域は〝旧来のブランド〟として強い人気を誇っていますが、それがこれからも〝最強の資産価値〟として君臨し続ける保証はありません。平成後期から令和にかけて、東京の都市構造は明らかに〝西から東へ〟とシフトし、新たな価値観が生まれつつあるのです。

湾岸地域の浮上と下町の再評価が示すもの

湾岸地域や下町地域の浮上は、単なる地価変動を超え、都市生活における価値観そのものを変える現象として注目されています。

旧来の価値観

- 「広い邸宅」
- 「閑静な住環境」

これらが長らく不動産価値を測る主要な基準とされてきました。

新しい価値観

- **「都心へのアクセス」**
- **「新しい街づくり」**
- **「多様性を受け入れるライフスタイル」**

これらの要素が、不動産価値の新しい指標として台頭しています。

湾岸地域では、洗練された大規模マンション群が新しい地域社会を形成しており、下町地域では再開発を契機に、古き良き文化と現代的な都市機能が融合するユニークな街並みが作られています。

新たな価値を見極める視点を持とう

「不動産の価値は、その土地が持つブランドだけで決まるわけではない」という視点を持つことがこれからの東京で生き抜く鍵となります。湾岸地域や東地域が新しい価値基準を作り、それに共感する人々によって新しい物語が紡がれていくのです。

例えば、湾岸地域では、未来志向のインフラ整備や多様性を受け入れる街づくりが進行中です。一方、下町地域では、温かみのある文化や人々の交流が、新しい世代によって再評価されています。

次節では、湾岸地域を中心に、東地域がどのようにして新しい価値を生み出しつつあるのかを掘り下げていきます。都市の変化の中で、都市開発の未来を見据えた新たなチャンスを見逃さないためのヒントをご紹介します。

第2節 なぜ湾岸地域が注目されるのか

2-1 都心へのアクセスと大規模開発

湾岸地域の最大の魅力は、都心への近さと癒しの両立です。

中央区や江東区の沿岸部は、銀座や丸の内といった都心中枢から車やタクシーでわずか15～20分の距離に位置しながら、広がる海の眺望と開放的な雰囲気を楽しめる点が他の地域と一線を画しています。

平成から令和にかけて、豊洲や有明を中心にタワーマンション群が開発され、これらの地域が〝新しい高級住宅街〟としての地位を確立しました。さらに、晴海や勝どきなどの中央区側や、品川寄りの港区湾岸部も新たな注目地域として浮上しています。

2-2 ビジネスアクセスと癒しの両立

これまでの章でもご紹介した通り、東京の不動産市場では長らく「駅徒歩至上主義」が主流でしたが、近年、その価値観が大きく揺らいでいます。その背景には、以下の社会的変化があります。

- **リモートワークやフレックス勤務の普及**

通勤の必要性が薄れた結果、ラッシュアワーを避けた新しいライフスタイルが浸透。

- **海辺や公園の広い住環境を求めるニーズの増加**

自宅で過ごす時間が長くなったため、海や自然を身近に感じられる環境が重要視されるようになりました。

湾岸地域は、こうしたニーズに応える場所として、都心近接ながらも非日常的な開放感を提供します。その魅力は、豪華な共用施設と圧倒的な眺望によって際立っています。

多くのタワーマンションの共用施設は、住む人々に特別な日常を提供します。ラウンジ、大浴場、フィットネスジム、そしてゲストルームなど、まるで高級ホテルに滞在しているかのような設備が揃っています。これにより、ただ「住む」ための場所を提供するだけでなく、日々の生活そのものにラグジュアリーな価値を付加しているのです。

さらに、湾岸地域ならではの、高層階から一望できる東京湾や、夜になると輝きを放つ東京の夜景は、他の地域では得られない特別な体験を住まいに提供します。これらの要素が、湾岸地域のタワーマンションを「都市のリゾート」としての地位に押し上げ、多くの共働き世帯や海外帰りのファミリー層から支持を集めています。

「海辺の暮らし」が都市を変える

私は湾岸地域の発展が、不動産市場の単なるトレンドに留まらず、東京全体のライフスタイルに革命をもたらすと確信しています。その背景には、ウォーターフロントという地理的特徴を活かした街づくりの可能性があります。

世界を見渡せば、ウォーターフロントを活用した都市開発が成功を収めている事例は数多く存在します。シドニーのハーバーブリッジ周辺、サンフランシスコのベイ地域、シンガポールのマリーナベイ――これらの都市は、海と街を融合させることで、住む場所、働く場所、訪れる場所を一体化させた街づくりに成功してきました。東京もこの流れを取り入れ、湾岸地域を中心に新しい都市像を描き始めています。

湾岸地域は、東京に新たな可能性をもたらしています。注目すべきは、ライフスタイルの多様化です。海辺での暮らしが、都市生活に自然との触れ合いを加え、より選択肢の幅広い生活スタイルを提供しています。こうした暮らしの変化は、都市生活の常識を刷新する一歩とも言えるでしょう。

また、この地域は地価上昇という経済的なメリットを超えた価値を創出しています。開放的で国際的な雰囲気を持つ湾岸地域では、国内外の多様な人々が集い、新しい文化が育まれています。このようにして、単なる住宅地ではなく、文化や価値観の発信地としての役割を果たしつつあります。

東京が「海を活かす都市」へと進化する

湾岸地域の進化は、東京が「海を活かす都市」へと変貌するための重要な第一歩です。これまで海が持つ可能性を十分に活用してこなかった東京が、ようやくこの資産を活かし始めています。

この流れは、東京全体の都市構造や不動産価値観に大きな影響を与えるでしょう。不動産投資やライフスタイルにおける選択肢が、これまで以上に広がり、未来志向の都市生活が現実のものとなるのです。

湾岸地域の進化は、東京が「海を活かす都市」へと変貌を遂げるための第一歩です。この流れは、今後の不動産投資や生活スタイルの指針となるでしょう。次節では、この変化が東京全体に及ぼす影響と、湾岸地域を含む東地域での具体的な投資戦略を掘り下げて考えるためのヒントをまとめていきます。

第3節　都心までの距離・価格とバランスの新基準

3-1　〝駅近〟以外の指標が重視される時代

長らく不動産価値を語る際の基準として「都心まで何分」や「駅徒歩何分」が絶対的な指標とされてきました。しかし、湾岸地域の躍進とリモートワークの普及が、この固定観念を揺るがしていることをご理解いただけたかと思います。

では、投資戦略を明確にイメージするために、今までの固定観念が現在どのような価値に置き代わられているのか。ここまでの話を含めて以下にまとめていきます。

1 変化のポイント

1. 多様な移動手段の整備

- 車やタクシー、ＢＲＴ（バス高速輸送システム）などが充実。
- 駅に頼らないライフスタイルが現実に。

2. 新しい価値基準の登場

- 「都市リゾート感」と「都心アクセスのバランス」が重視される。
- 駅徒歩を最優先としないライフスタイルが広がりつつある。

3. 価格と価値のバランス

- 山の手地域に比べ地価が割安。
- 同じ価格で広い物件やタワーマンション上層階が選べる。

4. 眺望の付加価値

- 海や東京のスカイラインを一望できる湾岸地域の特権。

2 注目地域の変貌

1. 南千住

●治安やイメージの課題を克服。

「都心まで15分以内」「家賃・価格が割安」の強みで人口増加。

2. 北千住

●大学キャンパスや大型商業施設の開業で若者に人気。

●飲食店やショッピング地域の充実で街全体が活性化。

3. 新しい都市像の形成

●かつて「工場地帯」「下町」のイメージが強かった地域が、再開発を経て「暮らしやすい都市」へと進化。

4. ファミリー層の移住加速

●高層マンション建設や公共施設整備により子育て世代が増加。

3 成功の要因

1. アクセスの良さ

●都心への近さと複数の鉄道路線の利便性。

2. **再開発効果**

●大規模再開発による都市機能の向上と住環境の改善。

3. **人口増加による街の活性化**

●新住民の増加で商業施設や公共サービスが拡充し、街全体が好循環。

4 多極化がもたらす都市の進化

1. **再開発による地域の価値上昇**

●東地域や湾岸地域では、再開発により「新しい街の顔」が形成され、多様な人々が集まり活気が生まれている。

2. **新しい価値観の台頭**

●従来の山の手地域のステータス性に代わり、湾岸地域のリゾート感や東地域の「利便性とコストのバランス」が支持を集める。

5 投資家にとっての新たなチャンス

1. **将来の開発ポテンシャルを重視**

●再開発計画やインフラ整備が進む地域は、資産価値の伸びが期待できる。南千住や北千住の成功事例が参考に。

2. 地域社会形成の可能性を見極める

●新しい住民層が活気を生む場所は、賃貸需要や再販価値が安定。住民同士の繋がりが強い地域は、さらに住環境を向上させる力を持つ。

3-2 多極化が示す未来

つまり、これからの投資戦略は、従来の「駅近」や「ブランド地域」だけに依存せず、再開発や地域社会形成など、未来を見据えた視点が鍵となるでしょう。

私は、この多極化の流れが東京全体を進化させると信じています。もはや「山の手地域だけが価値のある場所」という時代は終わりを告げ、湾岸地域、北地域、東地域など――かつては見過ごされていた地域が、独自の発展を遂げながら、都市全体を引き上げる力になっているのです。

では、この新たな時代の不動産投資において、どのように〝成長地域〟を見極めればよいのでしょうか？

これからの市場で成功するためには、単なる現在の価値ではなく、「これから価値が上がる場所」に注目することが重要です。今はまだ一般に知られていなくても、再開発やインフラの整備によって、数年後には一等地になり得る地域が必ず存在します。

さあ、ここからは〝成長地域〟を見極める具体的なアプローチについて、一歩ずつ掘り下げていきましょう。あなたが次に狙うべき地域が、きっと見えてくるはずです。

第4節　これからの不動産投資戦略

4-1　〝成長地域〟を見極めるアプローチ

準備は整いました。では、ここからは実践編です。

不動産投資で成功する鍵は、未来の価値を見極める鋭い洞察力にあります。では、どのようにその「未来」を先取りすればよいのか？

投資のプロたちが実際に活用している〝成長地域〟を見極めるチェックポイントを、ここで紹介します。あなた自身の視点を磨き、次のチャンスを確実に捉えるための指針として活用してください。

次の確認項目に沿って、未来のポテンシャルを秘めた地域を探していきましょう。

●「再開発情報とインフラ計画」をどのくらい把握していますか？

不動産投資で成功する鍵は、未来の価値を見極める鋭い洞察力にあります。その第一歩は、行政やデベロッパーが発表する再開発計画やインフラ整備に関する情報を定期的に追いかけることです。未来の都市計画や交通整備の動向を把握することで、将来性のある地域を先回りして見つけることができます。

●「再開発の波及効果の広がり」をどこまでチェックしましたか？

例えば、湾岸地域や東地域のように開発余地を多く残した地域では、新規プロジェクトが連鎖的に打ち出され、その波及効果として周辺地域の不動産価格も上昇するケースが少なくありません。再開発は単なる「物理的な変化」に留まらず、住環境や地域全体の価値を底上げする原動力になるのです。

●「インフラ整備がもたらす恩恵」を計算しましたか？

鉄道や道路、公共交通機関の新設・改良は、地域価値を飛躍的に高める重要な要素です。例えば湾岸地域では、ＢＲＴ（バス高速輸送システム）の導入や新しい地下鉄構想が進行中であり、これらが実現すれば通勤や生活の利便性が飛躍的に向上します。投資家にとっては、これらの変化を先取りすることで大きな収益を狙うチャンスが広がるのです。

4-2　リスクとリターンのバランス

●「湾岸地域の地盤リスクなどへの備え」として何を講じましたか？

湾岸地域は埋立地であるため、地盤の安定性や液状化のリスクが懸念される場合があります。しかし、リスクを懸念して行動を控えるのではなく、適切な備えを講じることでこれを克服することが可能です。

●「リスクへの対策」がどこまで導入されていますか？

最新の埋立技術や免震・制震構造を採用したタワーマンションでは、地震や液状化の影響を大幅に軽減する技術が導入されています。また、保険加入や災害対策を整備することで、潜在的なリスクをコントロールしやすくなります。

●「安全性の実データの確認」を取りましたか？

現代の技術を活用したマンションは、旧来の木造住宅に比べて安全性が向上しています。そのため、湾岸地域の地盤リスクを不安視する必要以上に過剰に捉えるのではなく、現実的な視点で判断することが求められます。

●別物件と比較した上で「投資と実需の〝二刀流〟ができる物件」を狙えていますか？

湾岸や東地域の不動産は、投資用としてだけでなく、自ら住む場所としても高い魅力を持っています。これらの地域の物件は、自分で住んで良し、貸して良し、売って良しの〝三拍子〟が揃った特性を持ち、長期保有に向いています。

●「安定と成長のバランス」の裏をどこまで取りましたか？

湾岸地域では賃貸需要が安定しており、安定収益を確保しやすい環境が整っています。同時に、地域全体のブランド化が進めば、売却益（資産価値の上昇）も期待できるため、リスクとリターンのバランスが取れた投資先として注目されています。

4-3 変化を恐れず未来を読む

●「（成熟と未完成のバランスから見て）今後の成長率」を計算しましたか？

成熟した地域である西地域は安定した資産価値を提供しますが、大きな成長の可能性は限られています。一方で、東地域や湾岸地域のような未完成の地域は、これからの成長が期待できる場所です。インフラ整備や新たな地域社会（コミュニティ）の形成によって、これらの地域の価値は着実に押し上げられていくでしょう。

●リスクをチャンスと捉えて行動できていますか？

変化には常にリスクが伴います。しかし、リスクを正しく理解し、それをチャンスとして活用することで、大きなリターンを得ることができます。例えば、湾岸地域や東地域の再開発にいち早く注目した投資家たちは、短期間で顕著な成果を収めており、変化を恐れず未来を読む姿勢の重要性を証明しています。

前半でお伝えしたように、不動産投資は単なる数字やデータだけで判断できるものではありません。時には抽象的な感覚や直感も重要になります。しかし、だからこそ、全てを決めつけるのではなく、自分の手でリスクとリターンのバランスをとることが、最も重要なポイントなのです。

「不動産投資とは、未来を読むこと。」

この理念を胸に刻みながら、変化を恐れず、自分自身の「未来を描く力」を磨いていきましょう。

《締めくくりに》

今、東京の不動産市場はかつてないほどの変革期を迎えています。こんな時こそ、柔軟な視点と行動力を持つことで、未来の新しい価値を生み出すことができます。

変化に立ち止まるのではなく、その流れを味方につけ、未来への扉を自ら開く——そうすれば、あなた自身も東京という都市と共に成長することができるでしょう。

あなたがこの変化の中で新たな成功を掴むことを、心から願っています。

エピローグ　変化を楽しむ新しい暮らし方

都市が進化する瞬間――それは単にインフラが整備され、新しい建物が増えるだけではありません。そこには、人々の生き方や価値観、街との関わり方の変化が詰まっています。

本書で取り上げた「晴海フラッグ」は、その変化を象徴する存在です。西から東への不動産価値のシフト、湾岸地域の急成長、そしてオリンピックレガシーを活かした未来型の街づくり。その全てが、この一つのプロジェクトの中に凝縮されています。

しかし、ここで最も伝えたかったものは、数字やデータに留まらない視点です。不動産の価値を決めるのは、単なる立地やスペックだけではなく、そこに住む人々の営み、交流、そして生まれていく地域社会の温かさなのです。

街が変わると、暮らし方が変わる。そして、新しい暮らし方が、未来の都市に新しい物語を生み出していく。

晴海フラッグの事例を通じて、不動産投資の枠を超えた「街の価値をどう捉えるか」という視点を手に入れてもらえたのなら、それ以上に嬉しいことはありません。

第1節　晴海フラッグがもたらした生活の変化

1-1　地域社会が街の価値を支える

晴海フラッグの真の強みは、不動産としての価値だけでなく、そこで暮らす人々の満足度と密接に結びついている点にあります。

本書の第4章・第5章で触れたように、この街の魅力は、湾岸地域特有の美しい景観、利便性の高い商業施設、そして多様な文化が息づく地域社会にあります。

こうした要素が、日々の暮らしの快適さを支え、その結果、賃貸需要や売却需要の安定へと繋がっています。

なかでも、注目すべきは地域社会の活性化です。単なる〝ソフトパワー〟に留まらず、不動産の本質的な価値を押し上げる力となっています。

住民同士が互いに影響を与え合い、イベントやSNSを通じて交流を深めることで、街そのものの魅力が高まり、「ここに住みたい」と思う人が増える。このポジティブな循環こそが、投資価値を向上させる大きな要因になっているのです。

大規模マンションだからこその相乗効果

総戸数約５６００戸――これは、一つの街として成立する規模です。この圧倒的なスケールがあるからこそ、様々な相乗効果が生まれています。

例えば、自治体と連携した町づくりイベントや、住民主体の地域社会活動。クリスマスや夏祭りなどの季節イベントから、新しく移り住んできた人々を迎え入れる「まちびらき」の催しまで、多種多様な活動が展開されています。

こうした取り組みが、「ただの居住地」ではなく、「人と人が繋がる街」を作り出し、それが結果として不動産価値の向上にも寄与するのです。

1-2　国際色豊かな子育て環境

湾岸地域全般、そして特に晴海フラッグは、東京の中でも際立って国際色豊かな地域として成長しています。オリンピックレガシーの影響もあり、インターナショナルスクールやバイリンガル教育の環境が整い、子どもたちが異文化に触れながら育つことができる場へと進化しているのです。

「ここに住めば、子どもがグローバルな視点を持つことができる」

そう考える新しい住民層が増え、この地域の価値はさらに高まっています。多言語が飛び交う街並み、世界各国の文化を取り入れた食や催し――まさに、〝東京の中の小さな世界〟がここにあります。

文化の融合が新たな価値を生む

しかし、この国際的な環境が生み出すのは、教育面のメリットだけではありません。異文化が交差することで、街そのものがクリエイティブに進化していきます。

例えば、街のカフェでは英会話サロンが開かれたり、公園では世界各国の遊びを取り入れたキッズイベントが行われたり。年に一度の多国籍料理フェスでは、日本食と各国の料理が融合し、新しい味覚の発見が生まれます。

そんな風に、多様な文化が交差することで、新しいライフスタイルが生まれ、これまでの東京とは一味違う都市の姿が形作られつつあるのです。

1-3　車社会と歩行者空間の両立

コロナ禍を経て、都市の暮らし方は大きく変わりました。リモートワークが定着し、毎日の通勤が必須でなくなったことで、「駅からの距離」よりも「自分に合った移動スタイル」を重視する人が増えています。

この流れは都心部にも広がり、晴海フラッグを含む湾岸地域では、「車移動中心のライフスタイル」が現実的な選択肢として注目を集めています。首都高や幹線道路へのアクセスが良好で、銀座や丸の内までタクシーで約15分という利便性の高さは、日常の移動をスムーズにする大きな要素です。

さらに、ＢＲＴ（バス高速輸送システム）が運行を開始し、公共交通機関の選択肢が拡充されました。車を持たない人々にとっても、快適で効率的な移動手段が確保されており、晴海フラッグはまさに「柔軟な移動スタイルを実現できる街」となっています。

また、街全体で歩行者に優しい空間づくりが進められています。広々とした歩道や遊歩道、車道と分離された自転車専用レーン、住民が自由に使える公共スペースの整備により、「徒歩での移動」も快適な選択肢になっています。ジョギングや散歩を楽しむ人々の姿が増え、都市生活の中に「歩くことの心地よさ」が取り戻されつつあります。

都市が人を束縛しない未来へ

これからの都市生活で大切なのは、「自由」を感じられる環境です。

働き方が多様化する中で、移動手段もまた、個々のライフスタイルに合わせて選べるべきです。晴海フラッグでは、「車・タクシー・ＢＲＴ・徒歩」という多様な移動手段が共存し、それぞれの人に合った快適な移動が可能になっています。

「駅からの距離」だけが住まい選びの基準だった時代は、もはや過去のものです。これからの都市は、柔軟な移動スタイルと自由な働き方をサポートし、住む人のライフスタイルそのものを豊かにしていく場所であるべきでしょう。

このような街は、生活の中での自由をさらに広げてくれるはずです。

第2節　地域社会が生む未来への可能性

2-1　まちびらきが生んだ住民主導の街づくり

2024年5月のまちびらきの実現。これは、単なる「街の完成」ではなく、「街が動き始める瞬間」でした。デベロッパーや行政が基盤を整えたこの場所で、今まさに住民が主体となって街を形作るフェーズへと移行しています。

すでに、公園の清掃活動やクリスマスの飾り付け、地域の催し企画など、住民たちが積極的に関わる活動が広がり始めています。学区を超えた子育てサークルや、趣味を共有する地域社会が誕生し、「この街で暮らす」という実感が、一人ひとりの中に根付いているのです。

こうした住民主導の取り組みは、街の魅力をさらに引き出すだけでなく、外部の人々をも引き寄せる力を持ちます。「自分たちの手で街を育てる」という意識こそが、晴海フラッグの未来を支える原動力になっていくのです。

都市が進化する中で、住民同士が協力し、新しいライフスタイルを築き上げていく。この街の挑戦は、これからの都市生活の在り方を大きく変える可能性を秘めています。変化の中に価値を見出し、未来を自分たちの手で創り上げる——それが、晴海フラッグの本当の魅力なのかもしれません。

2-2 ソーシャルキャピタルとしての不動産投資

不動産投資と聞くと、「物件を購入して貸し出す」というシンプルなモデルを思い浮かべるかもしれません。しかし、近年注目されている〝ソーシャルキャピタル（社会的資本）〟の視点から見ると、不動産投資は単なる金融活動ではなく、地域社会の一員としての役割を担う行為でもあります。

晴海フラッグのような大規模開発では、多くの投資用物件が含まれています。しかし、単に「所有する」だけでは、この街の価値を最大限に引き出すことはできません。投資家自身が地域社会に参加し、住民や管理組合と信頼関係を築くことで、より円滑な物件管理が可能になり、それが結果としてリセールバリューの向上にも繋がるのです。

「投資家と住民の協働」——これは、これからの都市開発において、ますます重要なテーマとなるでしょう。

〝街を育てる投資〟の醍醐味

不動産投資の真の魅力は、単なる売却益や賃貸収益ではありません。それは、街に資金を投じることで、その街が生み出す文化や地域社会を育てることにあります。

特に晴海フラッグのような〝まだ成長の余地がある街〟への投資は、完成済み物件とは違ったワクワク感を与えてくれます。この街は、これから10年、20年かけてさらなる進化を遂げていくでしょう。

「この街がどのように変わっていくのか？」

その過程を間近で見届け、時には自ら関わりながら、その成長を支えていく。これは、投資という枠を超えた〝都市と共に生きる〟という感覚に近いかもしれません。

都市は生きている。そして、それを育てるのは、住む人、働く人、投資する人――街に関わる全ての人の想いと行動です。

第3節　これからの不動産投資戦略

3-1　〝変化〟を見越した長期視点

東京のマンション価格が急騰し、多くの人が「もう買い時を逃してしまったのでは？」と考えているかもしれません。しかし、そんな時こそ視点を変え、未来の成長を見据えた投資を検討するべきタイミングです。湾岸地域のような〝成長余地のある街〟は、まだまだ可能性に満ちています。再開発が進み、インフラ整備や地域社会の成熟が続く地域では、時間とともに不動産価値が上昇することが期待されます。再開発が進めば資産価値は向上し、都市機能が充実すれば住みやすさが増し、賃貸需要の高まりによって安定したインカムゲインも得られます。つまり、変化の真っ只中にある街に投資することは、長期的な安定と利益の両方を手にするチャンスなのです。

投資用と居住用を分けて考えるのではなく、「自分が住む選択肢も含めた投資」を検討するのも有効な戦略です。晴海フラッグのように、「住みたい」「貸したい」「売りたい」という三拍子が揃った物件は、ライフステージや経済状況に応じて柔軟に対応できるのが最大の魅力です。

異文化共生の地域社会、充実した共用施設、海を望む開放的な景観。これらは、投資としての価値だけでなく、実際に暮らすうえでも大きなメリットになります。

将来自分が住む可能性も考えながら投資することで、ただの資産運用ではなく、未来の自分へのプレゼントのような感覚で楽しむことができるでしょう。

3-2　リスクへの備えと着実な情報収集

湾岸地域の投資を考える際、「液状化リスクは大丈夫なのか？」という疑問を持つ人は少なくありません。しかし、現代のタワーマンションは、最先端の免震・制震構造を採用し、震度7クラスの地震にも耐えうる設計になっています。

さらに、火災保険・地震保険の活用や、管理組合の防災計画の整備により、リスクを適切にコントロールすることが可能です。「リスクがあるからやめる」ではなく、「どうすればリスクを最小限に抑えられるか?」という視点を持つことが、投資の安心感を高める鍵となります。

もちろん、不動産投資に絶対の正解はありません。しかし、成功する人には共通点があります。それは、学び続けることです。

最新の再開発計画をキャッチし、人口動態や需要の変化を分析し、デベロッパーの施工実績をチェックし、実際に住む人の声をリサーチする。こうした情報収集を怠らないことで、将来の可能性を見抜く力が養われます。昔のイメージで判断する人はチャンスを逃しがちですが、最新の情報をもとに柔軟に考えられる人は、次の成功を掴むことができるのです。

晴海フラッグの事例が示しているのは、変化する街への投資がいかに可能性に満ちているかということです。そして、投資家自身がその変化を楽しみ、街の未来を育てる役割を果たすことこそが、新しい不動産投資の形なのかもしれません。

変化があるからこそ、チャンスがある。

この視点を持てるかどうかが、これからの不動産投資の成功を左右するのです。

第4節　エピローグとしての総括

4－1　晴海フラッグと〝変化を楽しむ暮らし方〟

本書で中心的に取り上げた「晴海フラッグ」は、オリンピックレガシーを基盤にした大規模再開発の成功例であり、さらに〝これからの東京が進むべき方向〟を象徴するプロジェクトです。この街には、投資価値と実生活の豊かさを両立させる要素が詰まっています。

投資価値の実証として、購入当初5000万円台だった部屋が数年で8000万円台、9000万円台へと値上がりした事例が示すように、湾岸地域の需要とオリンピックレガシー効果の強さが証明されています。これは単なる一過性のブームではなく、街全体の成長がもたらした必然的な結果です。

暮らしの豊かさも際立っています。教育機関の充実、多様な商業施設、国際色豊かな地域社会、そして水辺を活かしたリゾートのような雰囲気。家族連れはもちろん、単身者や外国人ビジネスパーソンまで、多様なライフスタイルを受け入れる環境が整っています。

そして、未来への期待。まちびらきを経て、インフラ整備や新たな催しが次々と展開されていく過程に、住民も投資家も関わることができる。この「未完成の街が成長していくプロセスを共有する楽しさ」は、ほかの地域では味わえない大きな魅力の一つです。

4-2 〝西から東へ〟という大きな流れの中で

東京の不動産市場は、「西高東低」という従来の価値観を超え、新たな時代へと突入しています。もはや、西地域だけが特別な存在ではなく、東地域や湾岸地域がそれぞれの強みを活かし、都市全体が〝多極化〟する時代へと移行しています。

晴海フラッグは、まさにその象徴的なプロジェクトです。かつては西地域が富裕層の憧れの地とされていましたが、今、新たな注目が集まるのは、東地域や湾岸地域。

その背景には、以下のような要因があります。

- **大規模な再開発とインフラ整備の進展**
- **国際色豊かな地域社会の形成**
- **これからの資産価値の伸びしろ**

これは「西地域の価値が低下する」という話ではありません。むしろ、「東京全体がより多様な選択肢を提供できる都市へと進化している」ということです。

都心での生活や投資の可能性が、より幅広く、そして柔軟になっていく。この変化を前向きに受け止め、新たな価値を見出せるかどうかが、これからの不動産市場で成功する鍵となるでしょう。

4-3 変化を受け入れる

「変化を楽しむ新しい暮らし方」こそが、これからの東京に求められるライフスタイルだと私は確信しています。

〝駅徒歩至上主義〟や〝山の手信仰〟といった過去の価値観が見直され、新しい交通手段、ライフスタイル、そして地域社会の在り方が次々と生まれています。この〝大きな変化〟を恐れるのではなく、むしろ積極的に飛び込み、新しい可能性を切り開いていく人が増えることを願っています。

晴海フラッグは、その最前線にあるプロジェクトの一つです。「投資と暮らしの融合」「オリンピックレガシーの活用」「国際色豊かな地域社会」――これらの要素が重なり、新しい成功モデルとして機能しつつあります。

この街に関わる投資家や住民が、互いを尊重し、知恵や文化を交換し合う。そうした姿は、未来の東京が目指すべき都市の姿を明確に示しているのではないでしょうか。

《終わりに　人と街が紡ぐ〝未来〟の物語》

本書を通じて、不動産投資が単なる金融活動ではなく、街をつくり、人々の暮らしを豊かにする力を持つことをお伝えしたかったのです。晴海フラッグは、ただの投資対象ではなく、「未来の街に参加する」

というワクワクするような体験を提供してくれる、まれに見るプロジェクトです。

そして、このプロジェクトが示したのは、投資とは「待つもの」ではなく「動くもの」だということ。

変化の中に飛び込み、自らの意思で未来を選び取る人だけが、新しいチャンスを手にできます。

変化を前に立ち止まるのか、それともその波に乗り、未来をつくる一員となるのか。その選択肢は、今まさにあなたの目の前に広がっています。

晴海フラッグが証明したように、〝変化の中心にいる〟ことで得られるものは、想像以上に大きい。今はまだ完成していない街が、これからどのように成長し、価値を高めていくのかを見届けるのは、何にも代えがたい醍醐味です。

そして、それは晴海フラッグに限った話ではありません。東京のあらゆる街が、これから新たな形へと進化していきます。その流れをつかみ、先を読む力を鍛え、未来に対して主体的に関わることで、あなた自身の人生も、より刺激的なものへと変わっていくはずです。

「変化を恐れず、未来を迎えに行く」――その意識を持つだけで、世界の見え方は大きく変わります。この本が、あなたにとって〝次の一歩〟を踏み出すきっかけになったなら、これ以上の喜びはありません。

さあ、あなたの未来は、これからどんな景色に変わっていくでしょうか？

それを決めるのは、今日のあなたの行動です。

未来へ向かって、一緒に動き出しましょう！

最後までお読みいただきありがとうございました！

２０２５年１月　晴海企画株式会社　代表取締役　和田真樹

著者
和田真樹（わだ なおき）
不動産マニア（物件視察が趣味）
晴海企画株式会社 代表取締役 CEO
銀座プランニング株式会社 代表取締役 CEO
1983 年、大阪府生まれ。拓殖大学卒業後、2005 年に住友不動産販売へ入社。13 年間にわたり不動産仲介業に従事し、300 件以上の取引実績を積む。その経験をもとに、2018 年より独立し、経営者・投資家として活動を開始。
会社員時代から湾岸エリアの将来性に着目し、自身および家族名義で累計 6 件の湾岸マンションを購入。現在は「晴海フラッグ」に住民として暮らしながら、さらに 2 部屋を所有し、実需と投資の両視点から物件を分析している。
また、YouTube チャンネル『ハピラボ』を運営し、「晴海フラッグ」関連の検索ワードで 1 位を獲得するなど、オンラインでも積極的に情報発信を行う。東京不動産の魅力や正しい知識を広める啓蒙活動にも尽力し、幅広い層に向けた発信を続けている。
YouTube チャンネル →『ハピラボ』で検索
X（Twitter）→『ハッピー和田』で検索

校正
松浦辰信
倉橋貴之

晴海フラッグ

2025 年 4 月 7 日　第 1 刷発行　　2025 年 7 月 1 日　第 2 刷発行

著　者——— 和田真樹
発　行——— つむぎ書房
〒 103-0023　東京都中央区日本橋本町 2-3-15
https://tsumugi-shobo.com/
電話／ 03-6281-9874
発　売——— 星雲社（共同出版社・流通責任出版社）
〒 112-0005　東京都文京区水道 1-3-30
電話／ 03-3868-3275

ISBN 978-4-434-35544-8